在満少国民望郷紀行

——ひたむきに満洲の大地に生きて

松岡 將／著

同時代社

在満少国民望郷紀行

――ひたむきに満洲の大地に生きて――

在満少国民望郷紀行／目　次

写真について

本書に収録した写真は、それぞれに出典を明記した。断りなきものは著作権保護期間が満了したもの、またはパブリック・ドメインのものを使用した。その他は松岡将及び同行者の撮影である。

はじめに

南北一千キロの鉄路は語る

第一節　秋の満洲、旅路の由来

旅路への発端

先般、中国通で旅行好きの一行五人で、天高く馬肥ゆる秋の満洲の「新幹線の旅路」に出た。この旅は、もともとは、五人それぞれのこれまでの中国旅行にあって、飛行機とツアーバスがほとんどなので、一度は「列車に乗って中国の市井一般に触れる」といった「個性的」な旅をしてみたいという、やや贅沢な希望がその始まりだった。

だが、「列車の旅」とはいっても、なにしろ広大な中国大陸での夜行列車を含む鉄路の長旅は、諸般の事情からしてや

「満洲の地」の現在（赤：東北三省）
1：黒龍江省、2：吉林省、3：遼寧省、
4：内モンゴル自治区の最北部

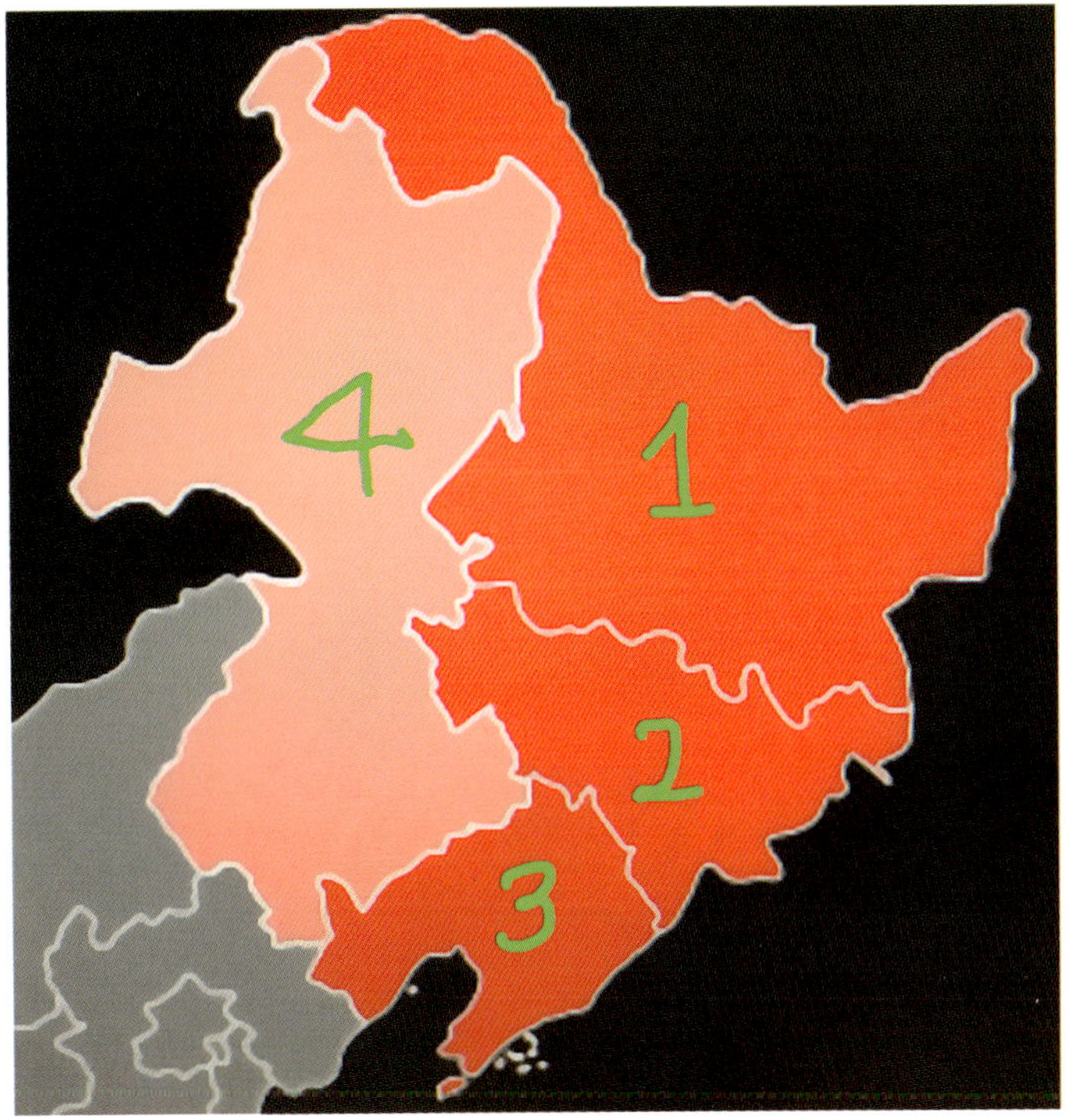

はり無理なのでは、という意見も出てきて、結局、私が言い出しっぺになって、数年前に開通したと聞く、ハルビンから大連までの「新幹線一千キロの旅路」ならばよかろうということに落ち着いたのだった。

　この旅の骨子は、空路、北京経由でハルビンに至り、以後、折からの満洲にあって、新幹線で、旧満洲北部（以下「北満」）の中心都市、いわゆる中国東北三省の最北、黒龍江省の省都ハルビンを起点に南下して、以下、吉林省の省都長春（新京）、遼寧省の省都瀋陽（奉天）、そして満洲大陸の玄関口、港まち大連と、四都市を、順次乗り降りしていくというもの。これをわが国になぞらえれば、距離的には、札幌を起点として、次いで青森、そして仙台を経て東京へ、といったところか。

　だが、なにせ見渡す限りの満洲大平原を、ほぼ一直線に、時として時速三百キロ超で南下するとあって、一旦新幹線に乗ってしまいさえすれば、わが国の北日本に比して、時間的に、また気分的に、はるかに楽な筈であった。

　そしてなによりも、小学生時代、大連に一年、長春に四年、計五年の満洲大陸生活を送り、その記憶が身体中に染み渡った懐旧の念となり、更には私の第一作『松岡二十世とその時代』とこれに続く第二作『王道楽土・満洲国の「罪と罰」』の執筆のためもあって、西行法師ばりに還暦を遙かに過ぎた年長けた身で、数次にわたって敢行したわが懐かしの満洲旅行の、いわば総仕上げ。私自身にとって、ふるさと満洲は何だったのか、を改めて問い直す、願ってもないチャンス。そのため、往訪箇所予定や日程作りに、これまでの経験を生かしつつ、言い出しっぺとしての特権を、最大限に行使したのだった。

私の家来達

そのための旅のお伴の我が家来たちは、速写性の小型一眼オリンパス、アイホン、アイパッド、そして羽田空港でレンタルした助っ人、海外ルーターの四人組。ここで彼等の役割分担に若干ふれると、一眼オリンパスは言うまでもないが、アイホンは、主として家族への安否メール発出などの身辺状況通知とオリンパスの予備カメラ係（画面が小さいがアイパッドの地図補完も出来る）、アイパッドは、グーグル地図などによる現在地や行く先々の「地図表示」係、そして海外ルーターは、満洲の情報通信環境に関連しての、アイホン、アイパッドのお助け係であった。これらの我が家来四人組は、この新幹線の旅路にあって、それぞれ所期の役割を果たしてくれたのではあるが、最大の問題は、彼等に日々の食い扶持をきちんとあてがうこと、つまりそれぞれのバッテリーの充電。かくして、主君たる私は、夜な夜な、ホテルで、四人の家来たちの食い扶持あてがいに努めなければならなかった。

　このような日夜の努力（！）の結果として、「満洲新幹線一千キロの旅路」にあって、オリンパスで一千枚、アイホンで五百枚、計一千五百枚ほどの現地写真を撮影して帰国し、これらを従来からの満洲旅行写真在庫に加えることが出来たのだった。

出発点となった「鉄路」

このように旅の写真、関連する新旧写真や地図類などを整理・点検している間に、今回往訪した、満洲を代表する四つの都市の各々が、単にそのおかれている気象條件のみならず、それぞれが相異なる、何か歴史的刻印とでも言うべきものを持っていることに気がつき始めていたのだった。同時にまた、この違いというものは、早く言えば、ハルビンから大連（旅順）に至る南北一千キロにわたる「鉄路」にまつわるその時代時代の政治・軍事・国際などをめぐる諸状況が、これを造り上げてきたものではないか、と思うようになってきた。

確かに、日本が満洲に直接関与した一九〇五―四五年当時は、飛行機などは言うに及ばず、道路による自動車運送なども殆ど考えられない時代。かくして、「鉄路」こそは、都市ないし集落と他の都市ないし集落との間の、多くの人と物とを結びつける、殆ど唯一のものであった。

逆に言えば、これら四都の謂わば発生・発達史を、「鉄路」との関連のうちに辿っていけば、わがふるさと満洲の全体像に、よりよく近づくことが出来るのではないか、ということである。

更に一歩を進めて、満洲とその四都の今昔を「鉄路」にまつわる歴史的事実に即して物語ることによって、一九四五（昭和二十）年八月九日、ソ連軍満洲一斉侵攻開始日に満洲の地にあった軍・官・民を合わせた二百数十万の日本人が蒙った筆舌に尽くしがたい苦難の数々を、いささかなりとも親身に代弁し、とりわけ、せっかくに平和の回復した故国日本に帰り来ること能わず、はるか満洲やシベリアの地に眠っ

昭和初期の満洲地図による一千キロの鉄路
薄青：ハルビン、橙色：長春、青色：瀋陽、桃色：大連

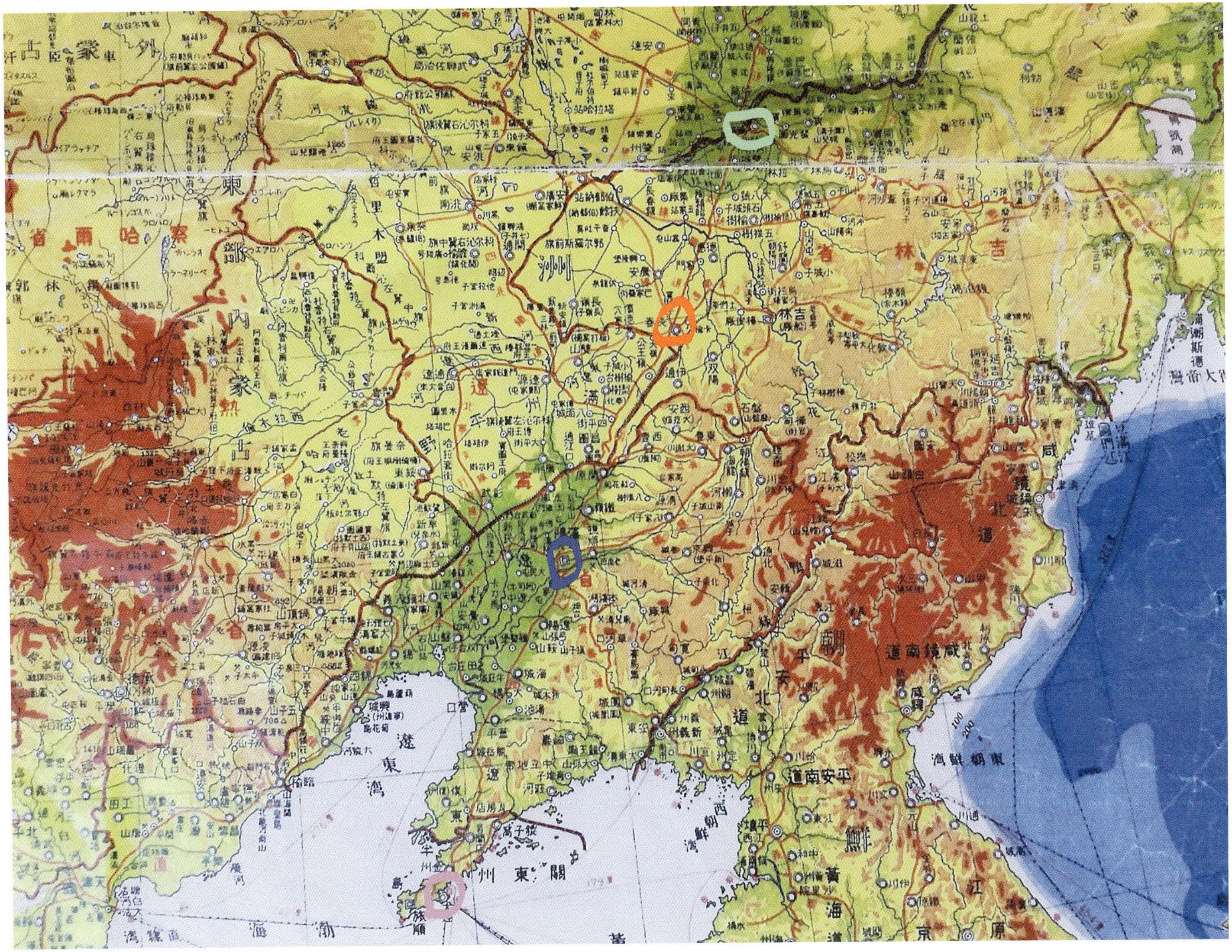

（「日本地理体系―満洲及南洋篇：1930」より）

ている我が父を含めた何十万かの我が同胞の霊を慰めることができればと考えて、この、画像と文章とによる「望郷紀行」を書き進めることにしたのだった。

第二節　満洲の地とは

満洲の外延・中味

ここで、「望郷紀行」そのものに進む前に、まずは「満洲」と言われている「地」の、外延とその中味とについて考えて見よう。

この満洲の地は、地理的・外延的に極めて概括的に言えば、北・黒龍江、東・ウスリー江、南東・朝鮮大山脈、南中央臨海部の海浜と半島、南西・万里の長城、西・興安嶺山脈、とに、それぞれ囲まれたところである。

そして、百二十万平方キロという、わが日本の三倍強といった広大な面積の中にあって、朝鮮大山脈中の長白（白頭）山にその端を発して北に向かって流れ、黒龍江に合流する松花江と、西の興安嶺山脈などの流域から南に向かって流れて渤海湾にそそぐ遼河とがあり、この二つの川の流域が北と南の主な平野、従って、人口集積可能地域を形成しており、この北の松花江流域平野の中心地がハルビンで、南の遼河流域平野の中心地が瀋陽（奉天）となっているのである。

このような満洲の地の外延をめぐっては、古くから、西は蒙古族・満洲族、南西は漢族・満洲族、の入り会いなどもあって、現在に至っているものである。また、南東部にあっては、朝鮮大山脈中の最高峰、長白（白頭）山から東流する豆満江と西流する鴨緑江とが、朝鮮族と満洲族（そして漢族）との自然的境界を、一応、形づくっていた。

これに対して、ロシアとの、長大な、「北＝黒龍江」と「東＝ウスリー江」との国境線は、ロシアの東進・南下政策の過程で比較的近年、一六八九年のネルチンスク条約を破棄する

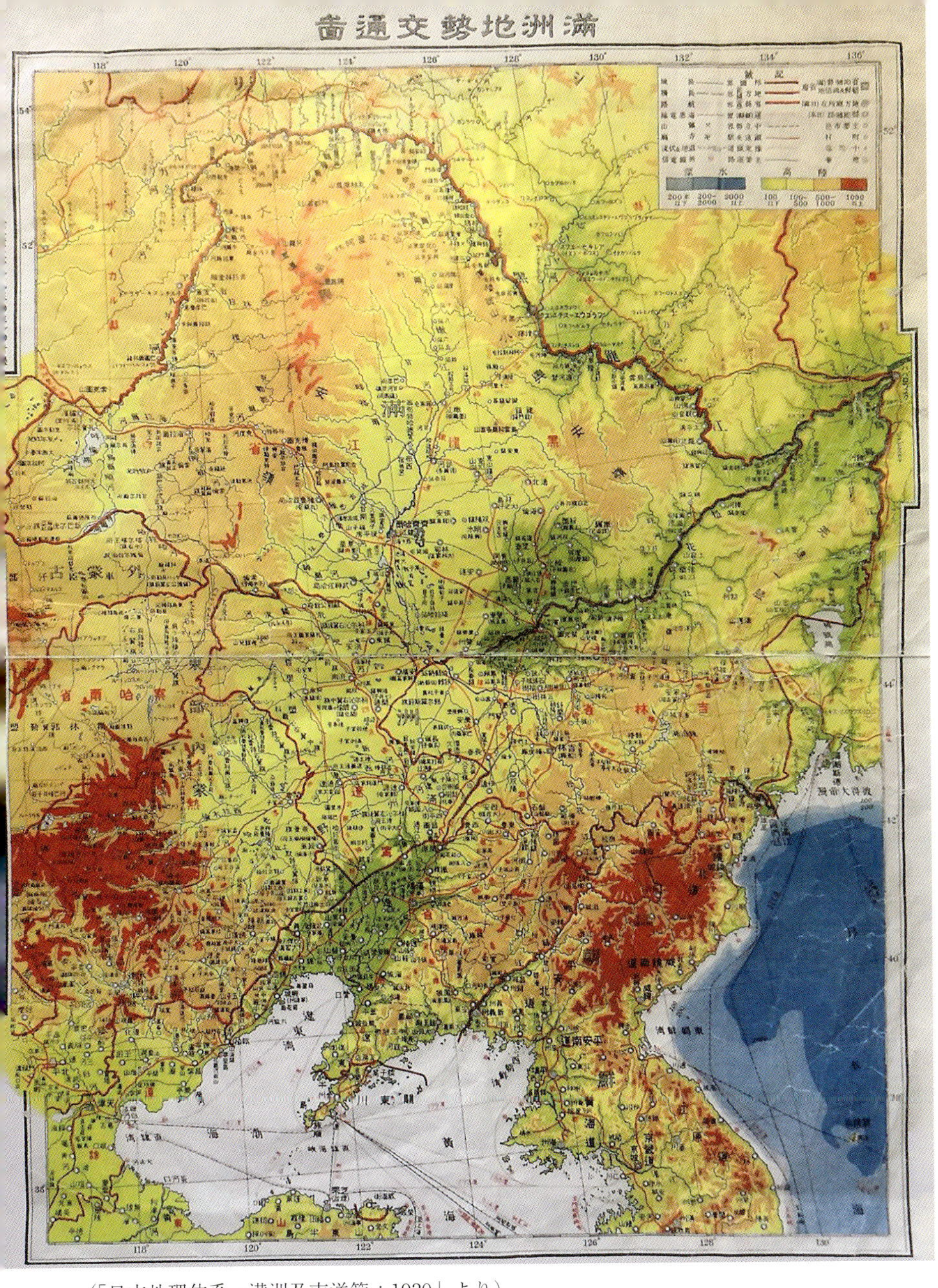

（「日本地理体系—満洲及南洋篇：1930」より）

昭和初期の「満洲地勢交通図」
広大な地形に留意

形での、アイグン條約（一八五八年）と北京條約（一八六〇年）の二條約とによって定められたものである。ロシアは、この二條約によって、沿海州にまで進出し、その最南部に、念願の不凍港ウラジオストックを建設開始・完成させ、ウラジオストック巡洋艦隊が常駐するまでいたった

後年の日露戦争にあって、帝国海軍が日本の補給線を荒らす同艦隊に悩まされたことはよく知られている通りであり、かのバルチック艦隊も、対馬海峡経由で日本海入りして、ウラジオストック港を目指していたのだった。

シベリア鉄道の東進が決定的動因

十九世紀の後半に入って、このようにアイグン條約と北京條約の二條約によってロシアとの国境線がほぼ定まった中国東北部満洲の地の、国際紛争を含む近・現代的発展史は、ことの当否を別として、同じく十九世紀の後半から具体化していった、シベリア鉄道の現実化と密接に関連している。

　とりわけ、一八九〇年代に入って、ロシアは、チタからウラジオストックまでの、シベリア鉄道最東部の建設に傾注することとなった。この路線は、沿海州側からたどれば、ウラジオストックからウスリー江右岸沿いにハバロフスクにいたり、また、ハバロフスクからは、黒龍江左岸（北部）を大きく回ってチタに達すると言うものであった。このうちの前者は、ウスリー線として比較的早期（一八九七年）にその開通をみるのだが、この後者は、ウスリー江と黒龍江とが合して大河となった黒龍江越えの鉄橋を始めとして難工事が続き、開通のメドさえ立ちがたかった。

　そのような折に、起こったのが、一八九四—九五年の日清戦争と、日本の勝利、そして、その戦果としての下関條約による日本の満洲の最南部の要衝の地、黄海と渤海湾とを隔てて南西方向に突出する、遼東半島の租借であった。

　ここまでが、結果的に、満洲の近・現代史を大きく形づくることとなった、ハルビンから大連・旅順までの南北一千キロにわたる「鉄路」の前史であり、以下の「物語」は、動乱の十九世紀末の、この時点から始まっていくのである。

シベリア鉄道の東への延伸問題と満洲の地の関連図

1　右端縦赤線のウラジオストックからハバロフスクまでのウスリー線は1897年に、満洲を横切る東清鉄道は1901年に、それぞれ開通
2　右中央部の満洲との国境を画する黒竜江の北部を走る白線のシベリア鉄道黒龍江北部部分は、1916年に至ってようやく開通

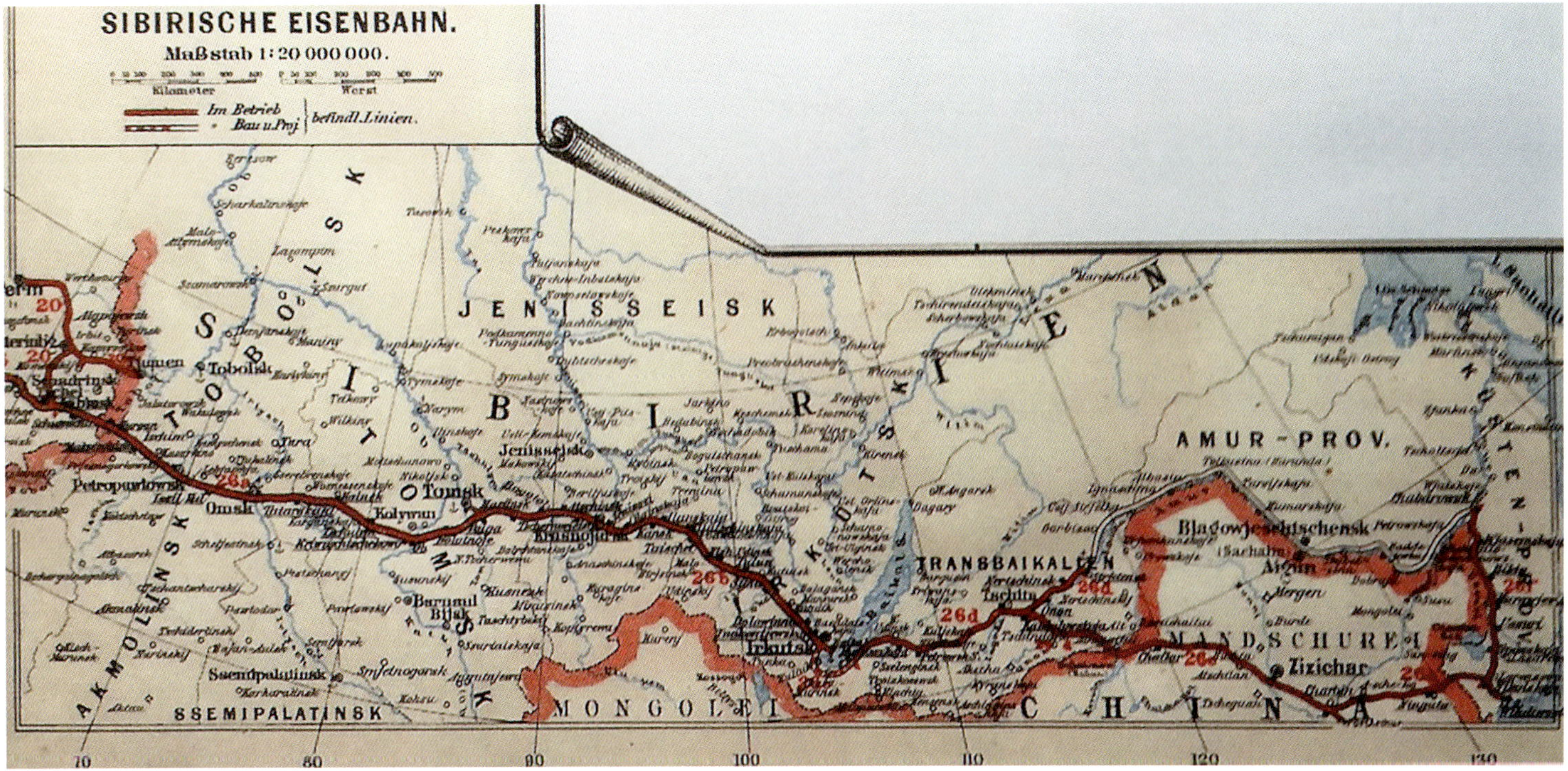

第一章　現代ハルビン旅情

――中国最北の黒龍江省の省都にて
――嘗てのエミグラントのまちに
日本の旧址を求めて

第一節　ハルビン誕生の歴史

一八九六年、露清密約

現在の中国東北三省のそのまた最北の黒龍江省の省都で、今や一千万都市にまで成長した、嘗て戦前や戦時中、在満洲日本人の間でエミグラントのまちとして知られていたハルビン。大河スンガリー（松花江）右岸のほんの一寒村に過ぎなかった当地が、今日あるに至った歴史的端緒は、比較的近年時のことである。

即ち、一八九四―九五年の日清戦争直後、一八九五年締結の下関條約による日本の遼東半島の租借地領有を、露・仏・独の三国干渉によって阻止したその見返りとして、一八九六年、帝政ロシアと清国との間に結ばれたところの「露清密約＝東清鉄道密約」がそれであった。この密約によって、当時その建設に着手はしたものの、完工の見通しが立っていなかったシベリア鉄道の最東部部分――シベリアのチタから北東に向かって大清国の北限黒龍江の北部を通ってハバロフスクに至り、更にはハバロフスクからウスリー江右岸づたいにウラジオストックに達する鉄路――の短絡路線、すなわち、チタから南東に向かって大清国の西の国境のまち満洲里から大清国の最北部を南東に向けて横断して東の国境の綏芬河の間を、ほぼ一直線に結ぶ「東清鉄道」が現実のものとなったのだった。

北の鉄路の中核地

かくして、その二年後の一八九八年五月、松花江右岸の一寒村ハルビンを起点として、それぞれ、西方国境の満洲里に向けてと、東方国境の綏芬河に向けての、東清鉄道本線の敷設工事が開始された。さらにロシアは、同年、ハルビンから南下して、遼東半島の南端、大連・旅順に至る、東清鉄道南満洲支線の敷設権をも獲得した。これら東清鉄道の本・支線全線が開通したのは、二十世紀劈頭、一九〇一年のこと。こ

シベリア鉄道、東清鉄道本線および同南満洲支線
1　上部の赤線がシベリア鉄道で、1916年開通
2　黄・緑線が東清鉄道本線および同南満洲支線で1901年開通
3　緑線の南満洲支線の長春・大連間租借権が1905年に日本に譲渡

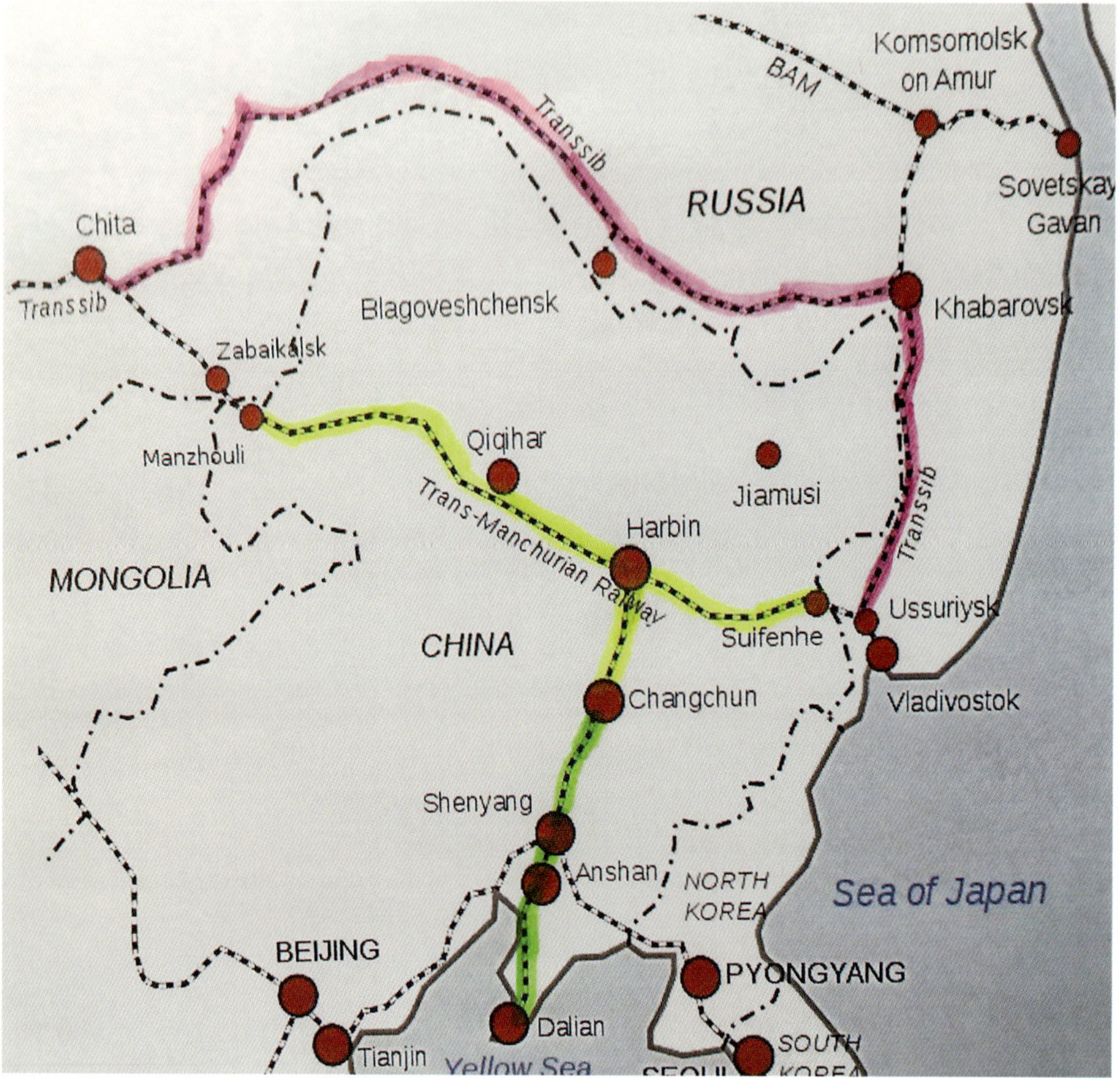

今日のハルビン市街区

1　みてのように、昔日の“租借地＝市街区”をベースに、更なる急速な市街化が進んでいる。
2　鉄道路線は、昔日と変わっていないようである。
3　左下の赤が、新幹線およびハルビン西駅
4　現在、満洲里方面には、在来線に沿って新幹線を建設中の模様

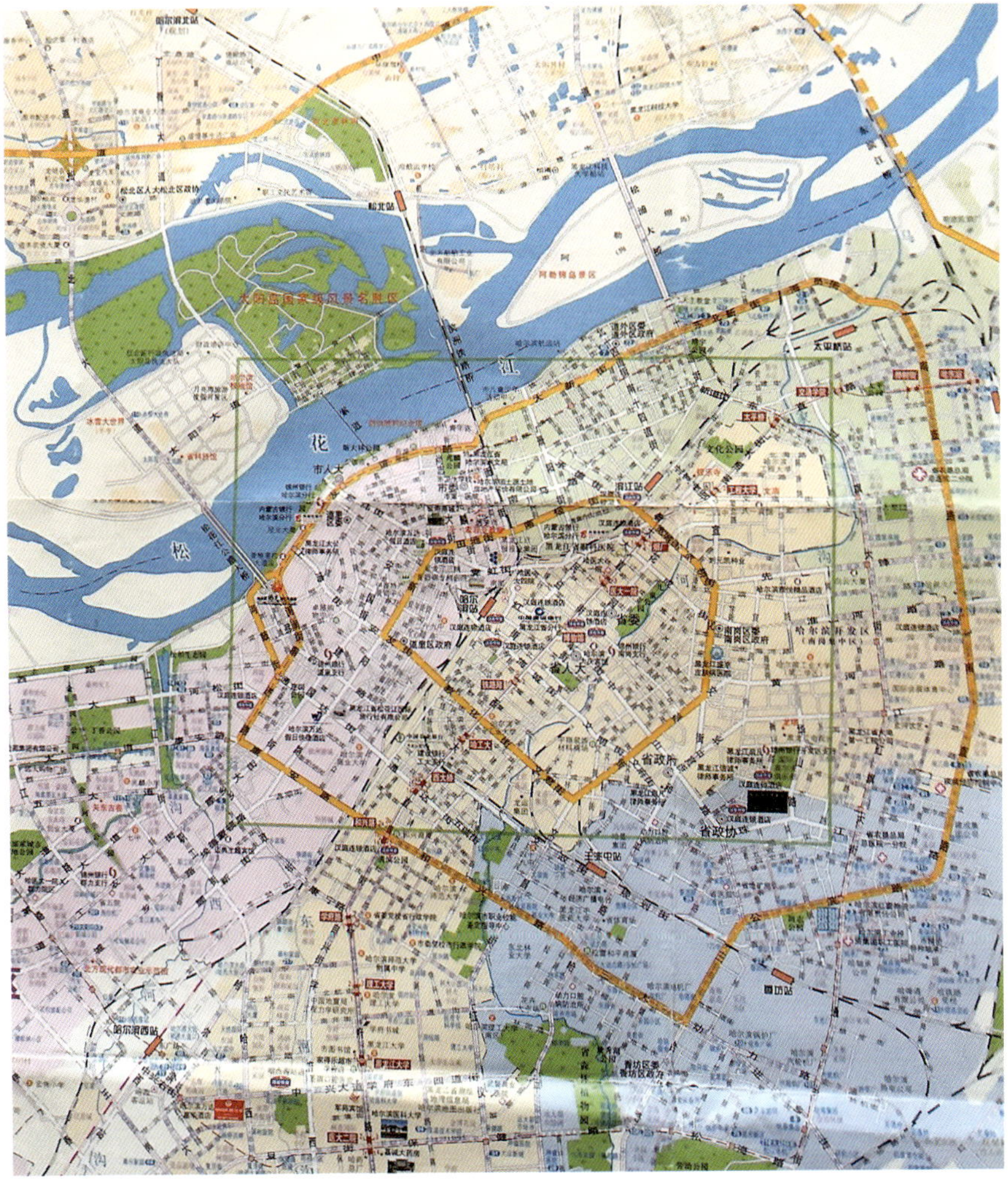

昔日のハルビン市街区

1　日時は不明だが、恐らく昭和10年頃と思われる。
2　みてのように、“租借地＝市街区”の様相を呈している。
3　左上の斜め路線が満洲里経由で、右下の斜め路線が綏芬河経由で、それぞれシベリア鉄道に接続する。

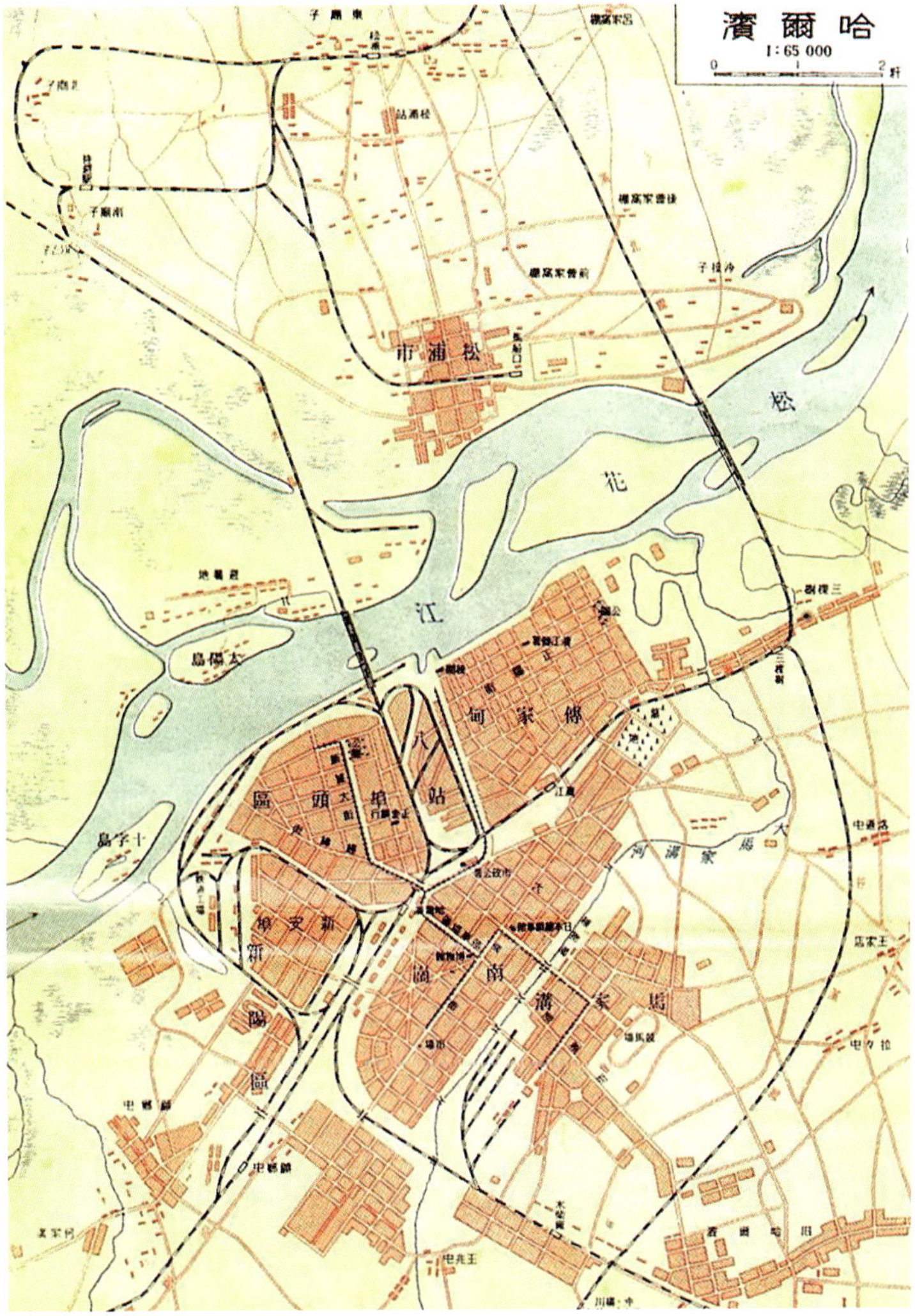

こに東清鉄道の本・支線のいわばへそである、ハルビンの地理的社会的な重要性は、揺るぎのないものとなったのだった。

その後のこととしては、一九〇五年、日露戦争後のポーツマス條約によって、東清鉄道南満洲支線のうちの、長春と大連・旅順間の諸権利が、日本側に譲渡されたが、ハルビンについてのロシア（とその後のソ連）の権利は、勿論そのまま残されていた。そして、満洲国建国三年後の一九三五（昭和十）年に至って、東清鉄道本線と、支線のハルビン・新京（長春）間の諸権利などが、ソ連から満洲国側に売却譲渡され、ソ連が、満洲の地から完全撤退するまで、継続していたのだった。

このように、ハルビンの、東清鉄道本線および同南満洲支線建設工事着工以来の、都市としての百二十年に亘る歴史を改めて辿ってみると、一八九八（明治三一）年以来一九三五（昭和十）年までの三七年間は、ロシアとそれを引き継いだソ連の強い影響下にあったのだった。従って、事柄を単純化して言えば、満洲国の背後にあった日本が、このハルビンの地に、真にその影響力を行使し得たのは、一九三五（昭和十）年から一九四五（昭和二十）年までの、僅か十年に過ぎなかったのだった。

第二節　現代ハルビンのまちあちらこちら

人と車とロシア風情と

前の晩遅くに空路北京から到着したハルビン駅前のホテル。ロシア語のメニューまでついた朝食もそこそこに、ホテル前の通りに出てみると、東清鉄道のへそ（中心地）として市街化が始まって以来百二十年のハルビンは、一言でいえば、人と車とロシア風情とのミックスチュア。朝方のハルビン駅の近辺は、車と人との洪水のようだったので、朝の通勤

黒龍江省博物館入り口

同博物館内の“ロシア博物館”

ラッシュのなか、車による市の移動はさけて、まずはアイパッドのグーグル地図を頼りに徒歩で黒龍江省博物館に向かった。

　ほどなくして見つかった建物の入口に「黒龍江省博物館」と大書してあるその字の立派さには感嘆することしきりであったが、展示の中味で感心させられたのは、ここ黒龍江省博物館にあっては、「ＲＵＳＳＩＡＮ　ＭＵＳＥＵＭ」と題された数部屋の特設コーナーが設けられていて、教育・学問、文化、芸術などの各分野にわたるロシアとハルビンとの具体的繫がりが、映画場面や人物写真なども含めて展示されていたことだった。ロシア風情は、この博物館内にあっても大きな存在を示しており、これに対して、日本風情など、およそかけらも見られなかった。

旧キタイスカヤ街の旧況と現況

（国書刊行会：「望郷 満洲」より）

キタイスカヤ街と聖ソフィア寺院

次いで訪れたのが、かつてキタイスカヤ街と言われていた中央大街。街路樹のなか、低層のクラシックなロシア風のビルが続く敷石の商店街で、通りを往来する人また人を別とすれば、二度ほど訪れた極東ロシアのハバロフスクを思わせる風情であった。早めの昼食のために入ったレストランでは、壁に大きく中国語のほかにロシア語が並び書かれてはいるのだが、エミグラントたるべきロシア人風の客人は、ほとんどまったく、見かけることはなかった。

中央大街《キタイスカヤ》を離れて、お目当ての一つ、聖ソフィア大聖堂を目指して大通りにでると、街角は、またまた人と車とロシア風情とが、あたり一面だった。ロシア正教会用だった大聖堂は、このような人と車とロシア風ビルとのなかに建っていた。かつての「静寂な中での荘厳な佇まい」は、すっかり失われてしまってはいたが、周囲の建物がロシア風情のものだからか、それなりにあたりに調和して、あまり違和感はなく、どこぞのロシアの街のごとくであった。

聖ソフィア寺院の現況と旧況

（国書刊行会：「望郷 満洲」より）

松花江の両岸にて――右岸の斯大林《スターリン》公園と左岸の太陽島公園

鮮満国境の山岳地帯の最高峰長白山（白頭山）山系に抱かれた「天池」に端を発し、北満一帯の大平原をその流域として流れ下り、中・露国境の黒龍江（アムール）に合流する、しばしばロシア風にスンガリーとも呼ばれる松花江。斯大林《スターリン》公園からのその眺望は、たしかに悠々たる大河の趣があった。最小の犠牲でもって、膨大な労働力資源を含めた赫々たる戦果で対日戦に勝利したスターリン大元帥閣下のお名前が、こんな異国の地にも残されていたのであった。

松花江（スンガリー）の旧状

（国書刊行会：「望郷　満洲」より）

斯大林《スターリン》公園からのぞむ松花江（スンガリー）の流れ

太陽島公園からのぞむ松花江対岸のハルビン市街

こちら岸から向こうに見える太陽島公園との間には遊覧船が往復しており、また、上空には、川渡りのケーブルカーも動いていて、「松花江観光」の設備は、今や十分に備わっている如くであった。

早速遊覧船に乗って、渺々たる大河の流れ風景を味わった後に着いた対岸の、嘗ては避暑地別荘が建ち並んでいた、現在の「太陽島公園」では、至る所で愛らしいマトリョーシカ嬢たちの歓迎を受けたのだった。

太陽島公園のマトリョーシカ嬢たち

杉原千畝（1900-1986）

日本の旧址いまいずこ——旧ハルビン学院のいま、

いずこに行けども人と車とロシア風情の中、何か日本の痕跡は、ということで、折角東京でその所番地を調べておいた旧ハルビン学院を、なんとか訪ね見ることとした。ハルビン学院は、古く一九二〇年に創立されたロシア語専門の高等教育機関。軍・官・民を問わず、ロシア（ソ連）関係業務に携わる人々のためのロシア語教育のメッカであり、かの杉原千《すぎはらち》畝《うね》も、この学院で学びそして教鞭をとったことは、よく知られている。

往年のハルビン学院

（国書刊行会：「望郷 満洲」より）

旧ハルビン学院の所番地を記載した紙を手にして、タクシーで着いたところは、大きなビルとビルの間の、十メートル幅くらいの通路的なところで、その奥に小門と電動ゲート。そしてこれぞ幼稚園とばかりの、左右に二匹の笑うミッキーマウスのいる鉄製のアーチがあって、そこには藍天幼稚園と大書されていたのだった。幼稚園が休暇なのかあたりに人影はなく、いかにも幼稚園らしく全体がピンクに塗られてはいても、所番地からして旧ハルビン学院に違いない筈の建物。杉原千畝のイメージと、今そこにあるピンク色の建物と

ミッキーマウスのお出迎え（現藍天幼稚園入口）

の、あまりといえばあまりの乖離を埋め合わせるのに苦労しつつ、ゲートの隙間からのぞき見、写真をとるのが精一杯であった。戦後七十年余のここハルビンで、「日本」を探し出すことは、土台無理な話なのかもしれなかった。

旧ハルビン学院の現況（入口から撮影した同学院側面部）

ハルビン駅の今昔

東清鉄道本・支線敷設開始以来、北満の「鉄路」の中心地であり続けたハルビン。その市街地形成は、順次的鉄路敷設とともにあったようだ。勿論、その中心はハルビン駅で、ここから満洲の東西南北に往来することができただけでなく、チタから先のシベリア鉄道経由で、ヨーロッパとの往来も可能であった。

旧新のハルビン駅

上　伊藤博文が、1909年10月26日、この構内で安重根により暗殺

下　ほぼ中央の、大時計のあるのが新ハルビン駅

満洲新幹線とハルビン西駅

数年前に満洲で新幹線の運用が開始されると、ハルビンの鉄路的利便性・重要性は、更なる劇的な高まりを見せつつあるように思えるのだ。なにしろ、わが国にあっては、一九六四（昭和三九）年の新幹線の導入以来、半世紀を経ても、東京から一千キロの札幌までの新幹線の敷設・導入は未だしであるのに、同じ一千キロの大連・ハルビン間は満洲新幹線によって、今や三時間半で相互往来が可能となっているのである。新幹線は、まさに満洲大平原に似つかわしく、その導入は、満洲の地域社会・経済にとって、多大の活性化要因となりつつある如くである。事実、ハルビンからは、長春、瀋陽、大連はもとより、北京や上海までも新幹線直通便で往還出来るし、ハルビンを起点として西方の満洲里方面、北方の黒河方面へも新幹線の延伸が逐次進められている。

ただし、新幹線多数路線の発着ともなると、流石に旧来のハルビン駅での路線増設では、到底これを収容する能わず、ハルビン駅から南西七キロほどのところに新たに壮大な「ハルビン西駅」を建設して、ここを北満一帯の新幹線化の推進基地としており、ハルビン駅は、在来線に加えて、ハルビン以北の新幹線の通過駅という役割となっている。

新幹線発着用のハルビン西駅全景（連絡バスの車中にて撮影）

ハルビン西駅の巨大な発券場

飛行場のような荷物チェック

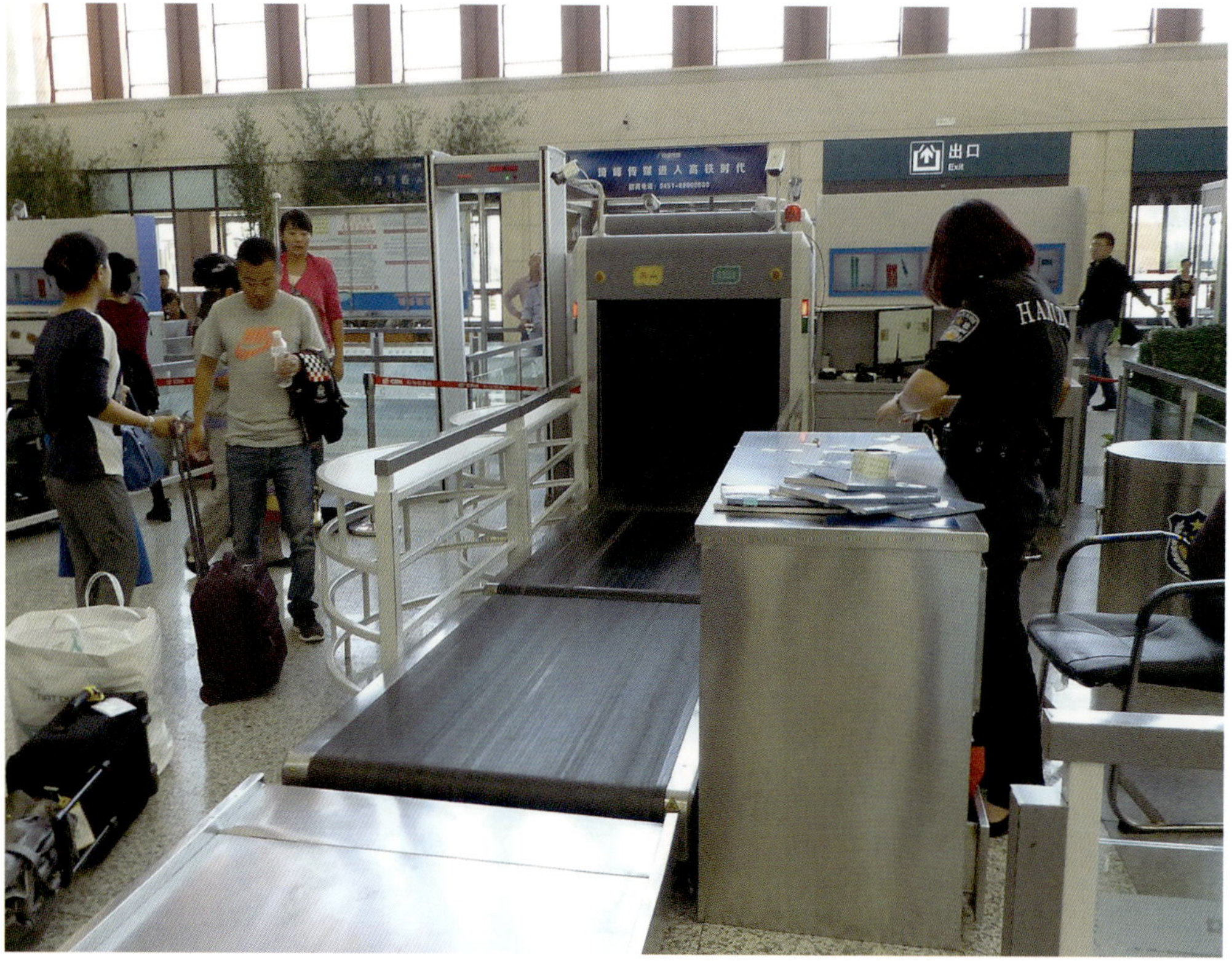

広い二階待合室で改札を待つ

二階待合室から一階列車発着ホームへ

新幹線和諧号の車内

地平まで広がるとうもろこし畑（和諧号車窓より）

長春への新幹線和諧号の車中で

私は、日本の新幹線と殆ど変わるところがなく、時折、時速表示が三百キロを超える新幹線「和諧号」の車中で、車窓から、我が心の故郷、地平の果てまで続く満洲大平原に見入っていた。稔りの秋の只今現在、そこは、どこまでもどこまでも、とうもろこし畑が続いていて、ときとしての若干の色合いの違うところは、松花江支流の小河川の近辺など、水の得られる所での、より収益性の高い水稲作の水田だった。こういった豊かな大穀倉地帯での農業生産の実状に触れると、満洲の辞書には、「飢え」という単語がもはや不必要になったのではないかとさえ思える程だった。

水の得られるところでは高収益の水稲作も（和諧号車窓より）

第二章　大連・旅順

――満洲大陸への日本の橋頭堡

南北一千キロに及ぶ東清鉄道南満洲支線。その北端はハルビン、南端は大連・旅順であった。発生史的に言って、ハルビンの「ロシア」が「一八九八―一九三五年」の間のものだったとすれば、大連・旅順の「日本」は、「ロシア」の「一九〇一―〇四年」の後を引き継ぐ、「一九〇五―四五年」にわたるところのものだった。「日本的でもありほんの少しロシア的」な大連・旅順は、こんなところにも起因している。

ハルビンの「ロシア」については、先に第一章で述べた通りだが、次に第二章で、「日本的でもありほんの少しロシア的」な、大連・旅順について、日本と関連する歴史を、見ていくこととしよう。

第一節　遼東半島、日露戦争、そして旅順

ロシアの東進・南下政策の成果

満洲大陸の南端にあって、東に黄海、西に渤海湾を隔てて、西南方に向かって突出する、遼河の東を意味する遼東半島。この地こそは、十九世紀末以来、国際政治の中に「満洲」の存在を提起する大きな要因となったのだった。

即ち、一八九四・五（明治二七・八）年の日清戦争の結果を律するものとしての下関條約により、遼東半島は日本の租借地とされたのだが、これに引き続く、当時の列強、ロシア・フランス・ドイツの三国干渉により、極東の小国に過ぎな

ロシアによって
20世紀初頭（1901～04年）の間に
構築された旅順要塞

かった日本は、清への租借地返還を余儀なくされた。

そして、その翌年の一八九六（明治二九）年には、早くもロシアと清の間で「露清密約」が結ばれ、更にその二年後の一八九八（明治三一）年には、両国間で、露清密約の具体化策としての「旅順・大連租借に関する條約」の締結をみた。ロシアは、この條約によって、半島南端の旅順・大連に関しての二五年間にわたる租借権、並びに、満洲北方を横断する「東清鉄道（本線）」、および、この本線と大連・旅順とを結ぶ「南満洲支線」の鉄道敷設権を獲得した。かくして、以後、ハルビンを起点として、鉄道や附帯施設などの建設が急ピッチで始まり、さらに一九〇〇（明治三三）年の北清事変ののちは、一九〇一年の東清鉄道南満洲支線の開通とも相まって、ロシア軍が遼東半島全域を占領、旅順に要塞を築くに至ったのだった。

二〇三高地山頂近くの乃木保典少尉戦死の場所

日露戦争と旅順軍港要塞攻略戦

――旅順の城は　ほろぶとも　ほろびずとても　何事ぞ

（与謝野晶子）

大日本帝国の「満洲」への実質的関与の事始めは一九〇四・五（明治三七・八）年の日露戦争であった。その日露戦争の謂わば象徴が、一九〇四年の晩秋から初冬にかけて、乃木希典大将隷下満洲軍第三軍によって行われた、陸・海の戦略上の最要衝、遼東半島の最南端に位置する旅順軍港要塞攻略戦であった。そして、この攻略戦の、そのまた象徴が、ロシア旅順艦隊が泊地とする旅順港を一望のもとに俯瞰しうる、標高二〇三《メートル》の二〇三高地奪取戦であった。その夏に、遼東半島在、金州城近くの南山の戦闘で長男勝典中尉を失ったばかりの満洲軍第三軍司令官乃木希典大将は、この二〇三高地奪取戦で、次男保典少尉をも失った。

二〇三高地山頂から一望の下の旅順港（中央やや左部分が、港外への水路となっている）

激戦に次ぐ激戦の後、十二月五日、二〇三高地は陥落した。直ちに同地に砲兵観測所が設置され、この地よりの観測データに基づいて、湾内の旅順艦隊や各要塞への砲撃が開始された。

情熱の歌人与謝野晶子が一九〇四（明治三七）年秋、旅順軍港要塞包圍軍の中に在る弟を歎いて歌っていた「君死にたまふことなかれ」では、「旅順の城は　ほろぶとも　ほろびずとても　何事ぞ」とあった。だが、もしも「旅順の城はほろびず」だったとしたら、日露戦争の帰趨とその結末は、どうなっていたであろうか。そしてその後に引き続く日本のみならず満洲大陸を含む極東の歴史は？

二〇三高地山頂の記念碑の現況と旧況

戦場での砲弾の破片を集めて鋳造されたもの。「爾霊山」とは、爾（なんじ）の霊の山の意で、二〇三高地にあてている。

（国書刊行会：「望郷 満洲」より）

一九〇五（明治三八）年一月一日、ロシア軍旅順軍港要塞司令官アナトーリ・ステッセル中将は、旅順軍港要塞防衛も今やこれまでと決意し、乃木将軍率いる第三軍に対して軍使を派遣し、旅順開城の申し入れを行う。翌二日、水師営において、両軍代表による旅順開城規約締結交渉が行われ、夜半に至って交渉は妥結、調印がなされた。さらに、一月五日、旅順開城に際しての明治天皇の聖旨に則って、水師営の崩れ残れる民屋において、日・露、乃木・ステッセル両将軍の会見が行われた。武士道精神に則った会見時の写真は、日本に関しての好意的な国際世論の形成に寄与するところ大なるものがあった。また、会見の大要が、「尋常小学唱歌」に、『水師営の会見』として収録されており、旅順攻略戦で乃木将軍の長男・次男がともに戦死を遂げたこと（この方面の戦闘に二子を失いたまいつる）、ステッセル将軍が乃木将軍に愛馬を贈ったこと（我に愛する良馬あり　今日の記念に献ずべし）などは、広く人口に膾炙するところとなった。

旅順開城約なりて　敵の将軍ステッセル
乃木大将と会見の　所はいずこ水師営

両将昼げ共にして　なおも尽きせぬ物語
「我に愛する良馬あり　今日の記念に献ずべし」

水師営会見所（日露戦争直後と現在と）
右の写真の四頭の馬はステッセルと幕僚が騎乗していたもので、中央がステッセルの愛馬

水師営の会見を終えて（乃木・ステッセル両将と日露の幕僚）

（「水師営会見所展示写真」より）

ポーツマス條約の締結――関東州と南満洲鉄道の租借

一九〇五年一月のこの旅順開城後、三月の奉天大会戦、五月の日本海海戦を経て、アメリカ大統領セオドア・ルーズベルトの仲介により、同年九月、日露戦争の結末を律するものとして日・露間で、ポーツマス條約が締結された。この條約にあって、ロシアの、①樺太の北緯五十度以南の領土の日本への譲渡、とともに、②関東州（大連・旅順を含む遼東半島南端部）の租借権の日本への譲渡、③東清鉄道のうちの大連・旅順と長春間の南満洲支線および附属地の租借権の日本への譲渡、が、それぞれ、定められた。そして、この上記②と③こそが、以後、一九三一（昭和六）年九月十八日の満洲

関東州（1905年より日本の租借地となった）
大連・旅順間は１時間半ほどの旅順線で結ばれていた。

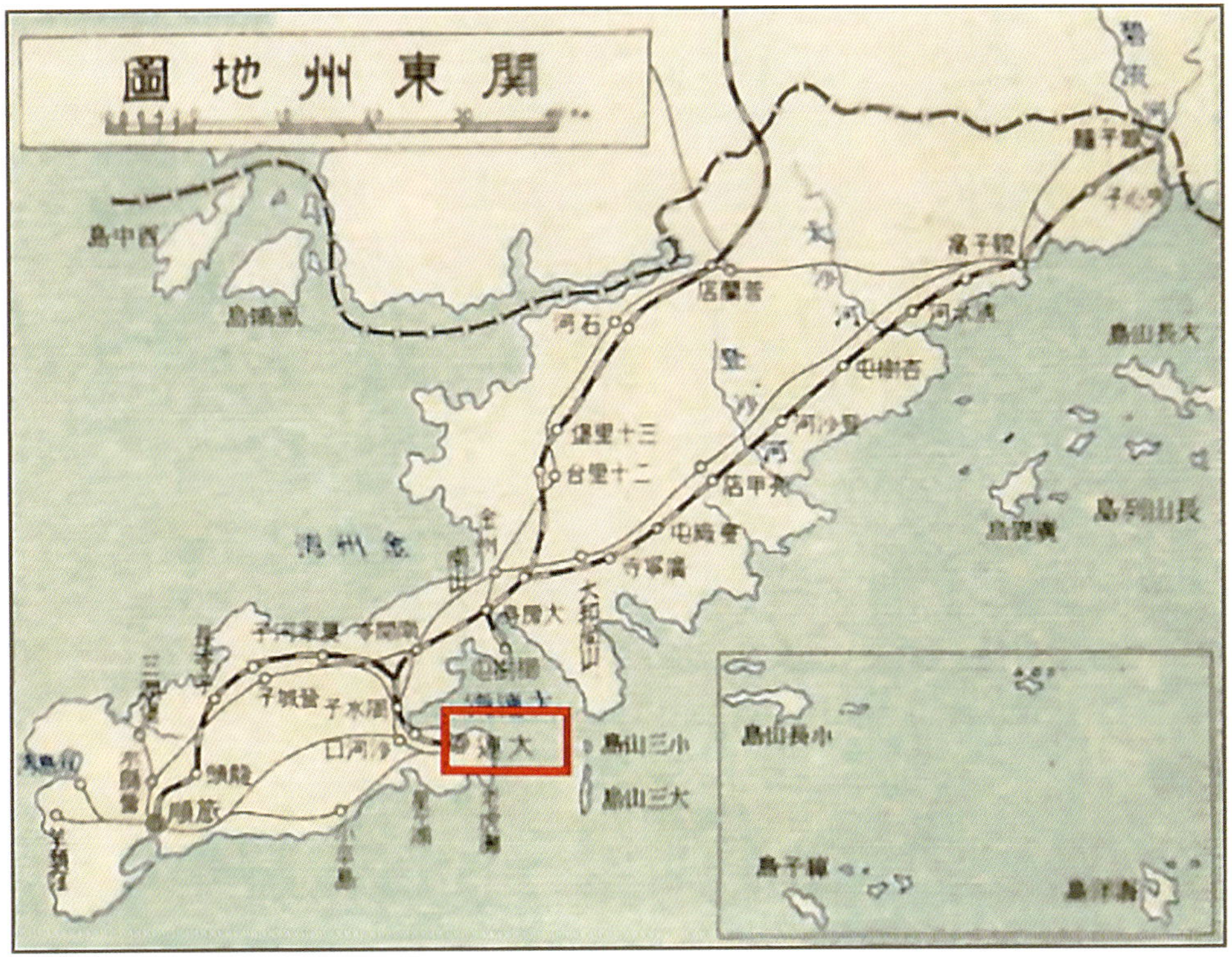

長春・大連間700キロの鉄路とその附属地が日本の租借地に

青色が長春、橙色が瀋陽、緑色が大連で、長春・瀋陽間が300キロ、瀋陽・大連間が400キロ

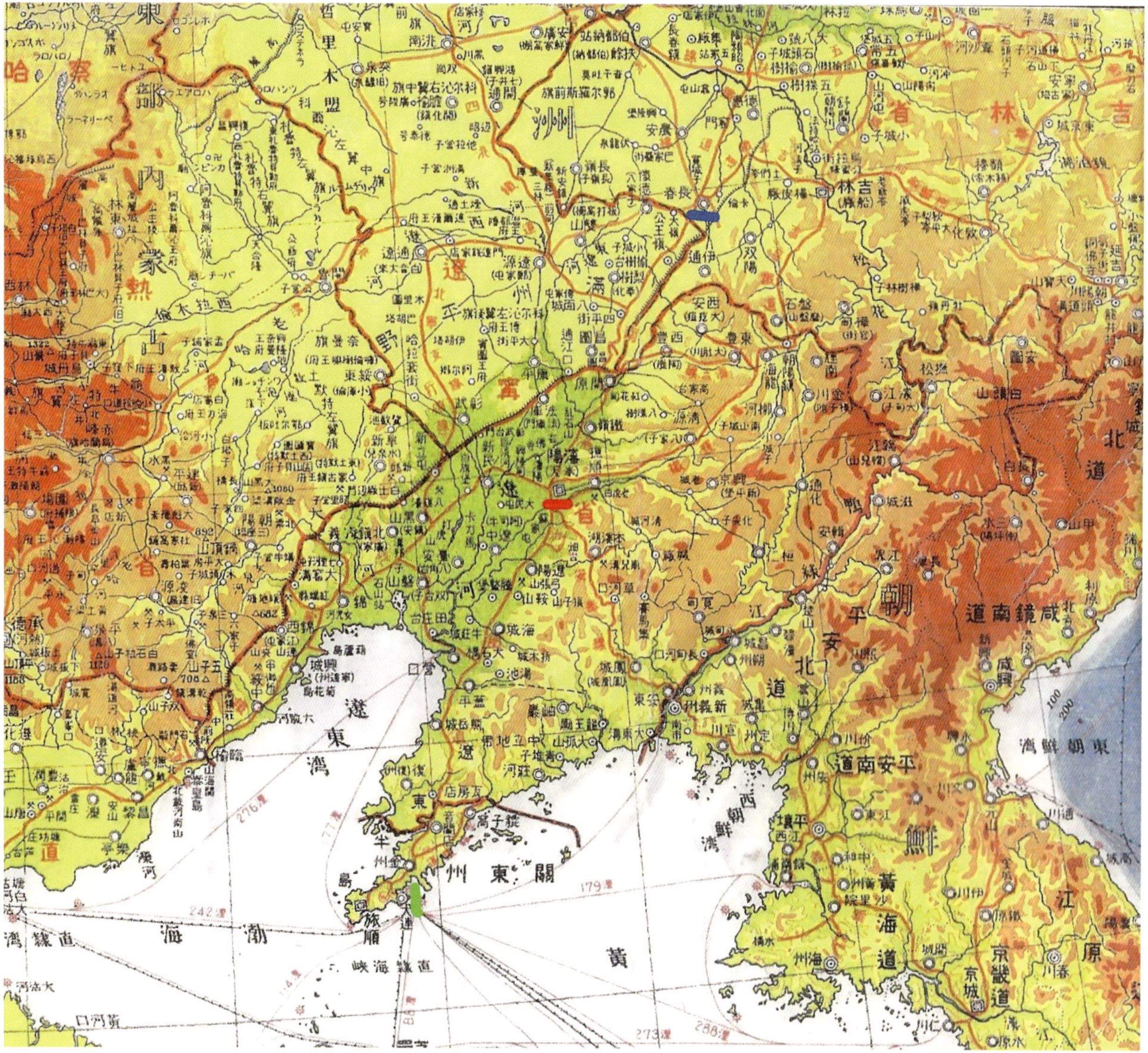

事変勃発にいたるまでの間の、大日本帝国が満洲大陸に実質的に関与する、文字通りの橋頭堡となったのだった。

旅順に残る日露戦争とロシア

旅順には、日露戦争を直接想起させるものとして、二〇三高地や水師営会見所などのほか、旅順駅や旅順港口近くの海抜一三〇メートルの白玉山の山頂に建てられた、旅順忠霊塔がある。塔高六七メートルのこの忠霊塔は、日露戦争戦没者追悼・慰霊のため、日露戦争後間もなくの一九〇九（明治四二）年、海の東郷平八郎と陸の乃木希典の発案により、建立されたもの

白玉山山頂の忠霊塔（現況と旧況）

（国書刊行会・「望郷 満洲」より）

白玉山山頂からの旅順港口の展望（P43の写真の港外への水路が間近に見える）

である。この忠霊塔は、45頁の二〇三高地山頂の記念碑とは異なって旅順市内の何処からもよく見ることが出来、また、白玉山山頂からの、旅順港口のごく間近な眺望は、日露戦争時の旅順軍港、旅順艦隊、なかんずく、旅順港閉塞隊の廣瀬中佐を歌った文部省唱歌「広瀬中佐（飛び来る弾に たちまち失せて 旅順港外 恨みぞ深き 軍神廣瀬と その名残れど）」を思い起こさせるものがある。

また、大連・旅順間の旅順線の終着、旅順駅は、大連駅と違ってまことにこぢんまりとしてはいるが、建設当時のロシア風情を今もそのままに、現役として働いている。

ロシア風情の旅順駅（旧況と現況）

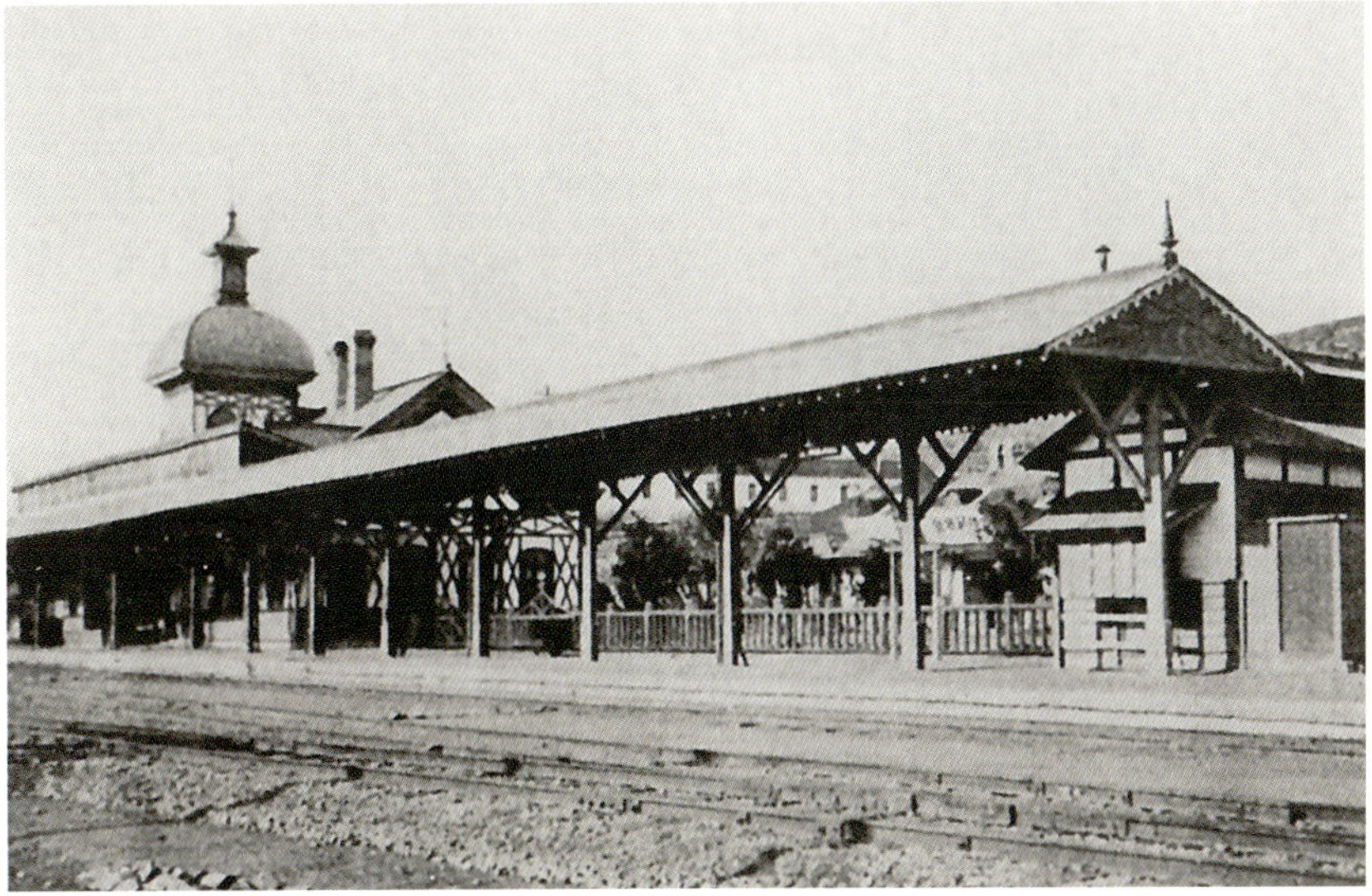

（国書刊行会：「望郷　満洲」より）

関東州にあっての旅順と大連

一九〇五（明治三八）年、ポーツマス條約によって日本の租借地としてその施政権下におかれた、日本の鳥取県とほぼ同面積（三千五百平方キロ）の、黄海と渤海湾とにかこまれて気候温暖な関東州。この関東州の中には、黄海に面して、軍港のまち旅順と、商港のまち大連とがあったが、関東州の因って来るところが日露戦争である、という背景事情もあって、当初から、旅順は政治・軍事・教育、大連は商工・対外貿易といった二元的分担関係にあり、旅順には関東庁や関東軍司令部、そしてその歌詞の一部が小林旭によって歌謡曲風にもうたわれた、「北帰行」で名高い旧制旅順高等学校などがあった。

第二節　満洲の陸・海交通の最要衝地、大連

政治・軍事・教育関連機能が旅順に付与されていたとは言え、他方、ロシア語で「遠い」を意味する「ダルニイ」をそのままとって名付けられた大連こそは、遼東半島における日本の租借地関東州の実質的中心地で、大型船が発着する四つの埠頭と、長春まで七百キロの南満洲鉄道の始発駅を持つ大連は、まさに満洲大陸の玄関口であった。

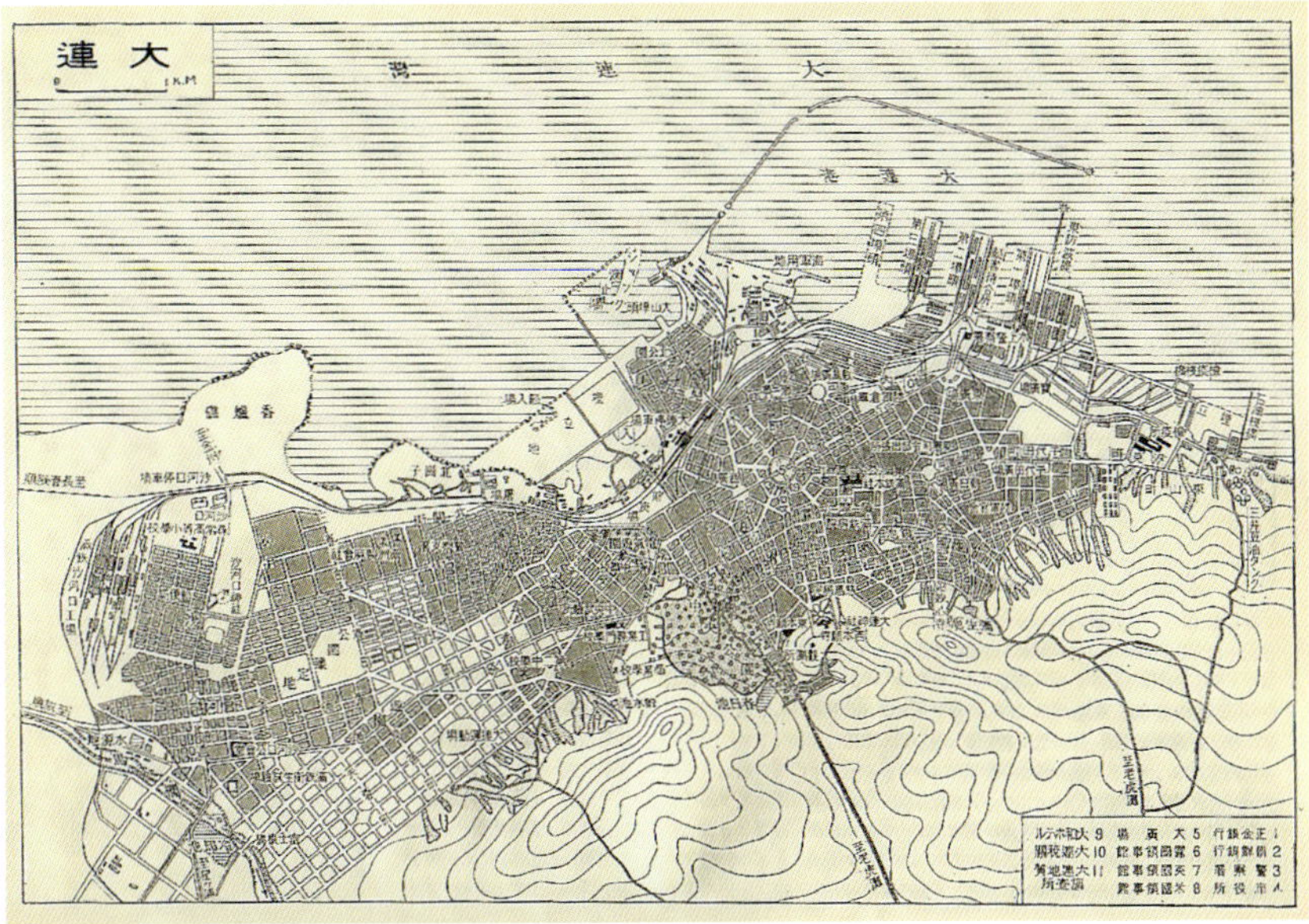

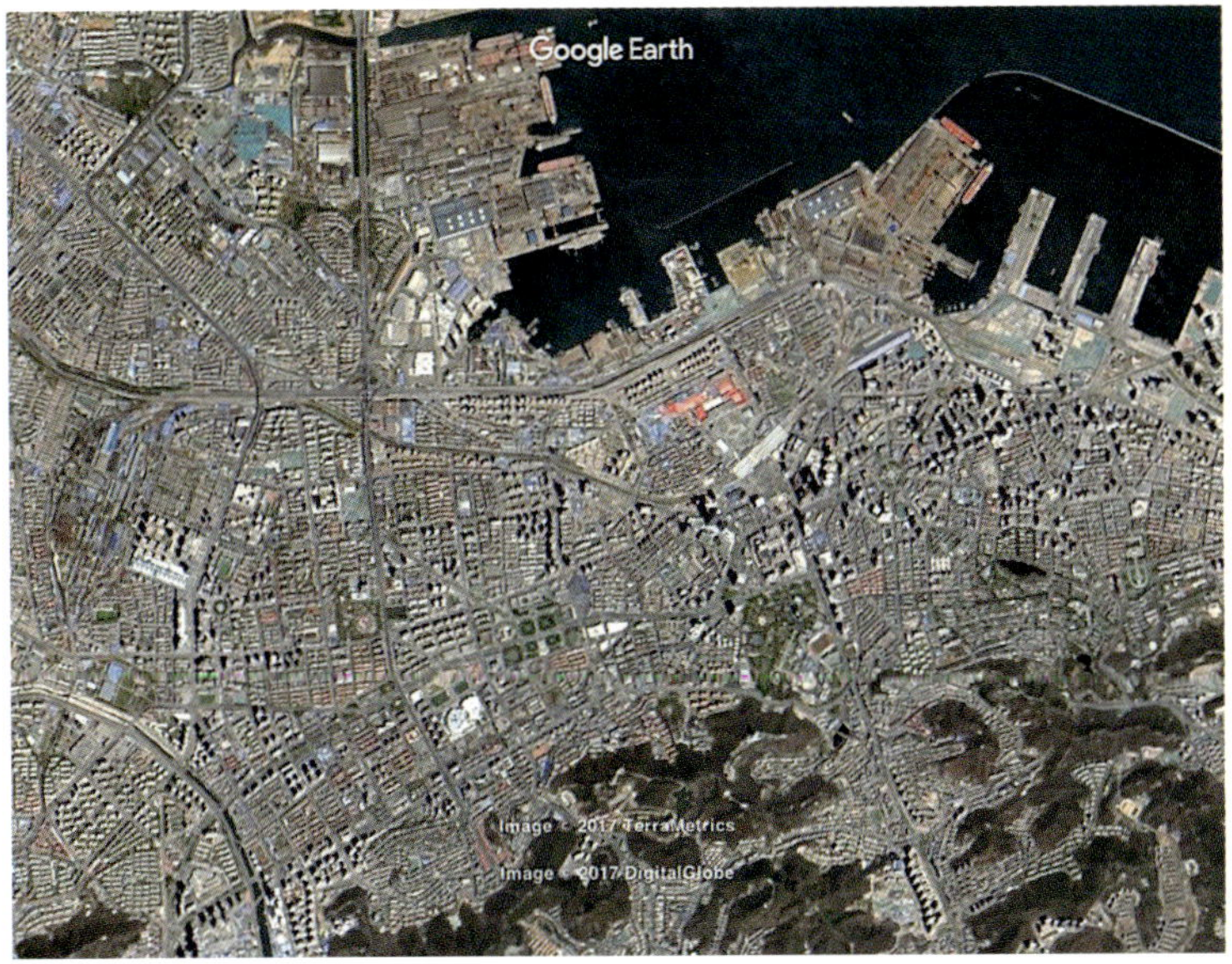

昭和初頭の古地図と
現在のグーグルによる
旧・新大連

中央部に大連駅、その直ぐ右に大広場（現中山広場）が見える
左端には広い「満鉄沙河口工場」があった。
右上の大連埠頭の位置どりは、現在も変わらず。

（「Google Earth：2017」より）

満鉄——南満洲鉄道株式会社

満洲大陸の玄関口である大連の、いわば主《ぬし》とも言える存在が、ポーツマス條約締結の翌一九〇六（明治三九）年、日本政府により半官半民の特殊会社として設立された、通称「満鉄」とよばれた南満洲鉄道株式会社であった。満鉄には、日本政府によって、資本金二億円のうち一億円が、鉄道・炭坑などで現物出資されたが、その当初の設立目的は、ポーツマス條約によってロシアから譲渡された東清鉄道のうちの、長春・大連間南満洲支線の鉄道施設・附属地の経営であった。

関東州が日本の租借地となった当初、旅順に置かれた関東都督府が、関東州および南満洲鉄道附属地の統治と防備の任に当たったのだった。この関東都督府は、一九一九（大正八）年に至って、民政部門担当の関東庁と、軍事部門担当の新設の関東軍に分離された。かくして、かの有名な関東軍がここに誕生する訳だが、他方、関東庁の行政権限は関東州に限られ、満鉄附属地の行政と防衛は、満鉄と関東軍とが、いわば車の両輪の如くに、それぞれその任に当たったのだった。

なお、新設の関東庁本部と関東軍司令部とは、いずれも旅順におかれたが、満鉄本社は、当然のこととして、南満本線と愛称された、長春に至る南満洲鉄道の始発駅である大連駅と、そして大型貨客船が発着する大連港が存存する大連におかれた。

このような経緯で、大連は、満洲における商工業の発展とともに、租借地関東州の中心的都市として発展していく。また、大連が、長春に至る南満洲鉄道の始発駅であったことから、大連は「満鉄のまち」でもあり、大連駅、満鉄本社、大連ヤマトホテルなどに、いまも往時の面影がほとんどそのまま残されている。

大連駅、満鉄大連本社、大連ヤマトホテルそして大連埠頭

デジャブ（既視感）という言葉があるが、東北線や常磐線が発着する嘗ての上野駅に馴染んだことのあるひとならば、大連駅をみて、このデジャブに捕らわれるかもしれない。そう、大連駅は、今に至るも、嘗ての上野駅のソックリさんなのである。その本家の上野駅の方は、嘗ての構築物としての前方からの展望的景観は失われてしまっているが、大連駅の方は、従来通りのほぼ左右対称、前方からの展望的景観をその儘保持している如くである。

戦前と現在の大連駅

上野駅（戦前・右）と大連駅（現在）の類似性

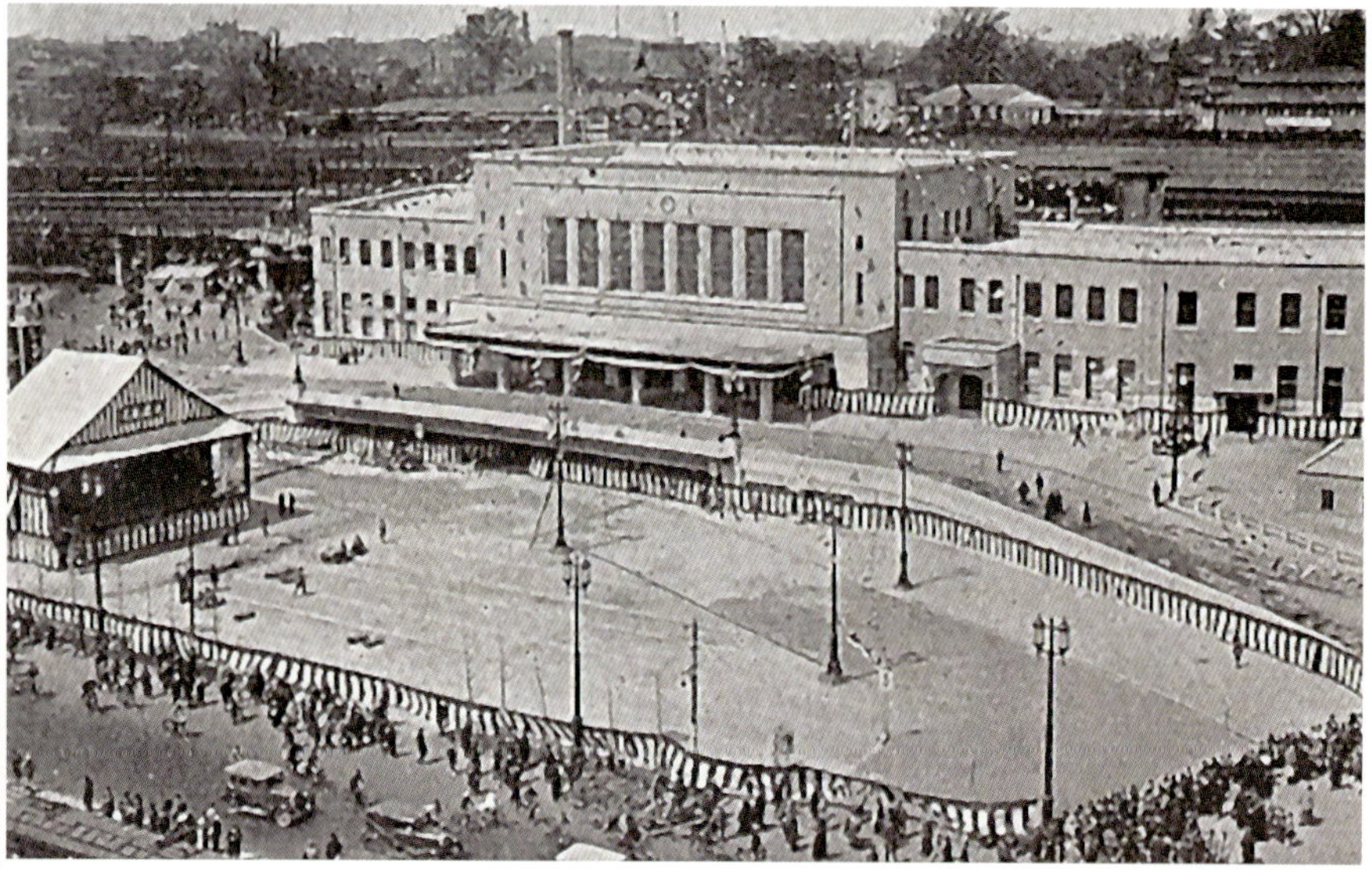

左端の大広場（現中山広場）と右側の旧満鉄本社（青屋根の建物）

（「Google Earth：2017」より）

旧大広場（現中山広場）から東に向かう旧東公園町（現魯迅路）を三、四分歩いたところに、この通りに逆コの字型に北面している旧満鉄大連本社が存する。築年百を越したいま現在もなお、この地にあっての鉄路関係の業務センター的役割を担っておられるようである。もっとも、流石に寄る年波に勝てないか（メンテナンスをケチった故にか）、折角通りに面して設けられた、車もつけられる二箇所の出入り口は、石材の痛みが酷く、目下、使用禁止のようで、現在は逆コの字の奥の方に出入り口が設けられている。

戦前の満鉄本社
　魯迅路から向かって左のエントランス

旧満鉄本社の現在使用中の正面中央エントランス

鲁迅路に面した左翼エントランス前から同形の右翼エントランスをのぞむ

左翼エントランスの現況と旧況

（国書刊行会：「望郷 満洲」より）

他方、大広場の周回路の中央部にデンと鎮座まします大連ヤマトホテルは、商売柄メンテナンスが良いこともあってか、百年の歳月も何のその、重厚な古典的装いのまま、活躍中のようである。

大広場（現中山広場）**に正面する**
旧大連ヤマトホテル
（旧況・現況）

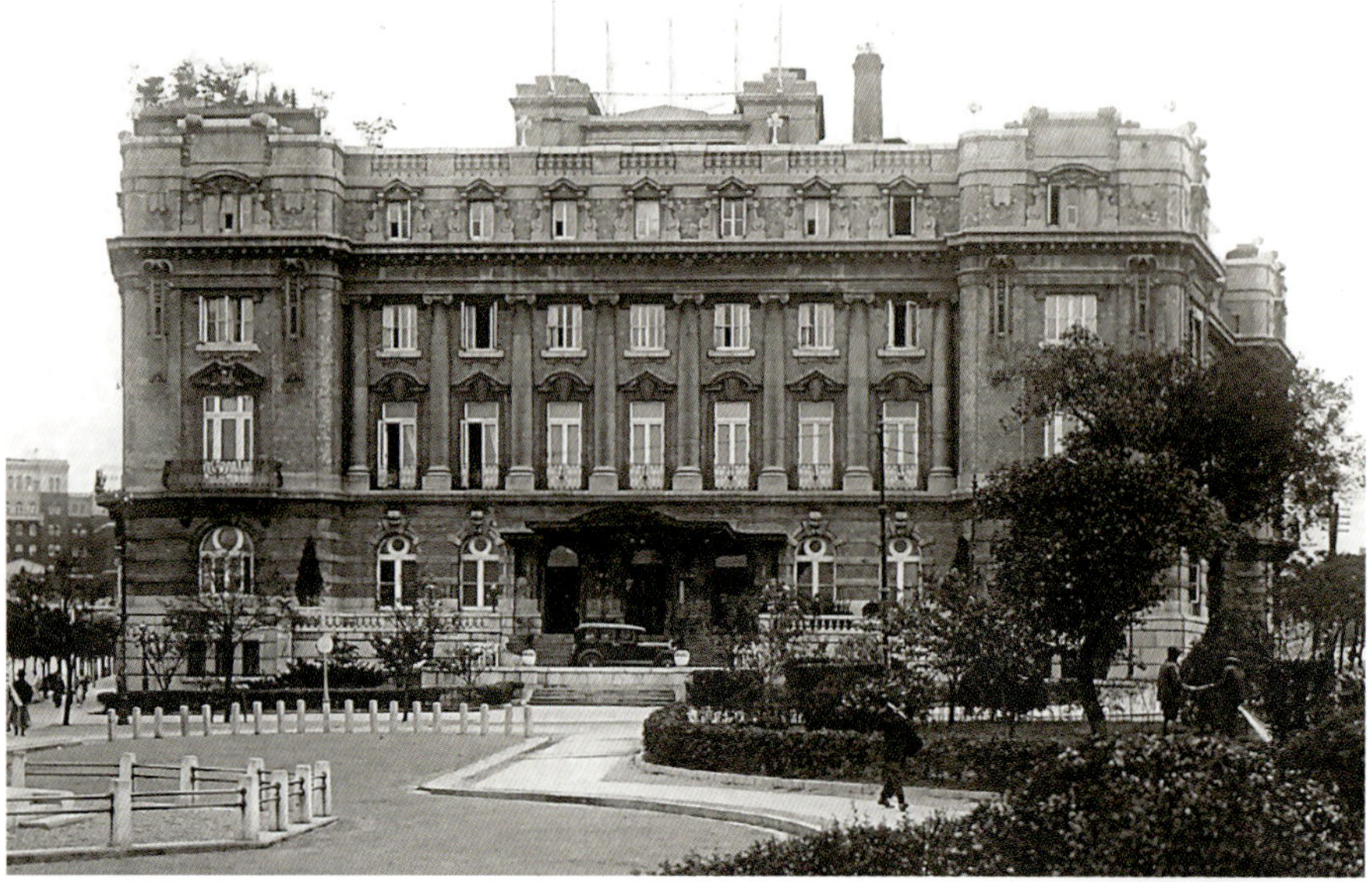

最後に、日本から満洲に向かう人達の多くが利用していた、神戸港などから玄界灘越えでの三泊四日ほどの船旅の大連埠頭。日本人のみならず、華北からの群れに群れをなす苦力たちにとっても、ここが、満洲への第一歩であった。

今や飛行機の時代となって、日本を含めた他国との人の往来は、もっぱら周水子国際空港がこれを担っていて、懐かしの大連埠頭は、もはや貨物船の出入りに限られてしまっているようである。

大連埠頭の今昔

（国書刊行会：「望郷　満洲」より）

第三節　私的回想の中の関東州

――避暑地夏家河子と大連の不老街と

関東州は、わが心のふるさとでもあった。小学一年生になりたての頃、日本の片田舎からこの地に住まいすることになったからである。見るもの聞くもの、すべてがエキゾチックで新鮮だった。

合歓《ねむ》の花咲く夏家河子

関東州での最初の住まいは、大連・旅順間の旅順線で、大連から列車で約三十分ほど、渤海湾に北面する、避暑・海水浴地、夏家河子。渤海湾の彼方に赤い大きな夕陽が沈み、合歓の木が生い茂り花咲く道のさきに広がる、何百㍍先まで遠浅の同地の海岸。そこはあたかもこの世の天国の如くで、清岡卓行の芥川賞作「アカシヤの大連」に記述されているように、夏には主として大連からなどの多くの海水浴客で賑わうのを常としていた。また、同地は、推理作家、鮎川哲也の出色のデビュー作「ペトロフ事件」にあって、ロシア人富豪ペトロフ殺害の主舞台ともなっているように、白系ロシア人なども結構住んでいて、パン屋なども開いているなど、異国情緒も十分だった。

その夏家河子も、干満の差の著しい渤海湾の遠浅海岸の宿命か、ここ十数年来、葫蘆島海岸同様、急速な海浜埋め立て工事が進められ、また、私が小学一年時、朝夕、大連の小学校に通った旅順線も、いまは廃線になってしまうなど、残念ながら昔日の牧歌的な面影は、全く失われてしまっている。

海水浴客でにぎわう渤海湾に面して遠浅の夏家河子海岸（戦前）

（国書刊行会：「望郷　満洲」より）

渤海湾埋立が急速に進行中の夏家河子海岸に立って（2000年時）

満人街近くだった大連の不老街

次に移り住んだのは、大連市内の西、沙河口区の不老街と言うところ。ここは、いわゆる満人街にも近く、その繁華街の大通りを、始終、一、二台の馬車に数人の白装束の泣き女が乗った葬列が通るのだった。いかに商売柄とはいえ、その泣き方の激しさは、いかにも非日本的で、幼なごころに突き刺さるものだった。さらに好奇心に駆られて、満人街を歩いてみると、付き添いが大きな日傘を差し掛けた良家の太太《たいたい》（奥方）と覚しきご婦人が、纏足でお腹を突き出したヨチヨチ歩きをしているのに出くわしたりもするのだった。中でも衝撃的だったのは、住宅前の広い空き地での、青白く痩せこけた阿片中毒患者が、観衆の輪に囲まれて文字通り野垂れ死しつつあるのを見た時だった。

そんな思い出を頭の片隅に置きつつ、不老街の我が旧住地を歩いてみても、今やそこは、密集住宅街ならまだしも、国籍不明とも言えるハイ・ライズが林立するのみで、昔日の面影を偲ばせるものは、全くなかった。やや気落ちしつつも、念のためとばかり、たしか旧住地からほど遠からぬところの筈の、私が通った当時の国民学校に、うろ覚えの通学路を辿って行ってみることにした。

そうやって数分歩いているうちに、私の目に、いきなり飛び込んできたのが、四分の三世紀以上も前の姿と全く変わらぬ、有り難き名前の元大連市聖徳国民学校。プレートに東北路小学とある校門で訳を話して、敷地の中に入れて貰い、昔一日何度となく出入りした校舎の玄関先に立つと、小学一、二年当時の始業式やら学芸会などの光景が、次々と脳裏に浮かんでくるのだった。

今もその儘に残る旧大連聖徳国民（小）学校と同校二年生となった筆者

（「Google Earth：2017」より）

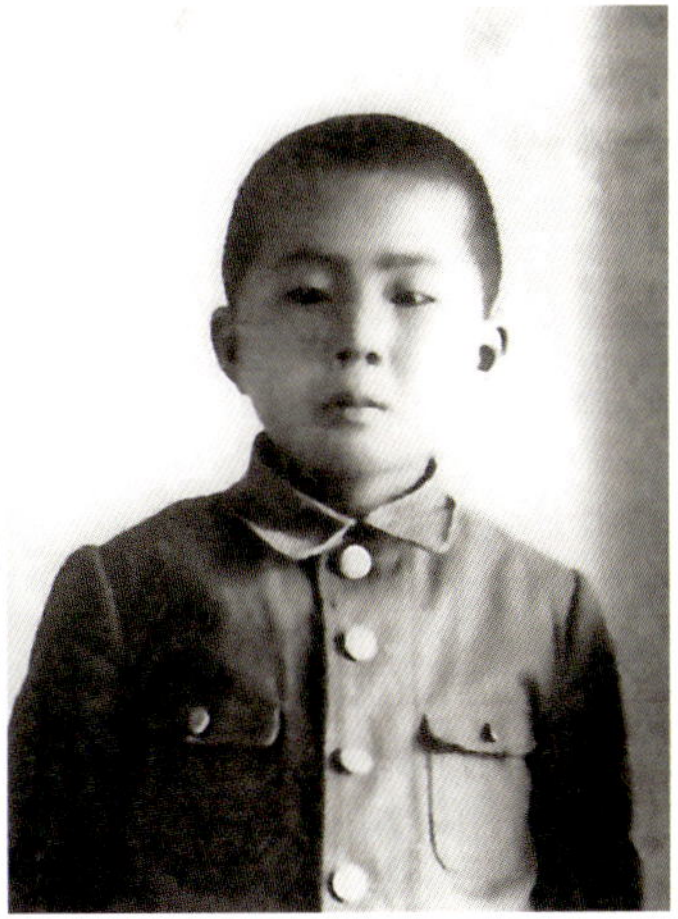

全てが変わった中にあって、昔日の姿のままに佇む、わが懐かしの聖徳国民学校。改めて考えて見れば、ここは、広い満洲大陸のなかで、私自身が嘗て関与したことがあってその儘残されている、唯一の建物だった。たった一つでも、ある、と言うことは、私にとって、満洲とのご縁がまだ直接つながっているようで、大変有り難いことだった。

第三章　瀋陽（奉天）

――歴史のまち、商工業中心の八百万都市
愛新覚羅清朝ゆかり、
奉天会戦（日露戦争）、満洲事変勃発の地

第一節　瀋陽（奉天）の歴史素描

ヌルハチ、ホンタイジ、そして盛京（瀋陽）から北京への遷都

瀋陽の歴史は、長春はもとよりとして、大連やハルビンとの比較に於いてもはるかに古く、十七世紀始め、明との戦いに勝利して後金を建国した満洲族のヌルハチが、この地を国都盛京と定めた時にさかのぼる。そのヌルハチを継ぎ、後に清の太宗と言われたアイシンギョロ・ホンタイジ（愛新覚羅皇太極）は、一六三六年、皇帝となって国号を後金から大清国と改め、以後、清の勢力を大いに伸張させて、万里の長城を境として明と対峙するまでとなったが、一六四三年、志半ばにして五二歳で死去した。

そのホンタイジの後を継ぎ、後に清の世祖と言われた順治帝は、ホンタイジ死去の翌一六四四年、李自成の反乱によるあっけない明の滅亡というまたとない機に乗じて、長城線を出て北京にまで兵を進め、明を滅ぼして北京を占拠していた李自成軍を打ち破り、満洲の地よりいでて中国一帯を治める清朝廷となったのだった。

次いで、そのあかしとして、清朝廷による、盛京（瀋陽）から北京への遷都が行われた。遷都に伴い瀋陽には奉天府がおかれて、清朝廷の離宮でもある副都とされた。

北京での清朝成立当初、清は、満洲地域への漢民族の移動を認めないとする、いわゆる禁地政策をとっていた。だが、十九世紀後半にいたって、アイグン條約などによっても明らかなようなロシアの東進・南下政策への対抗措置として、この禁地政策を解除して、満洲の地の開発促進を図るにいたり、ここに瀋陽が、開発促進政策の拠点となって人口集積も進んでいった。

ロシアの鉄道附属地、日露戦争、そして日本の鉄道附属地

更に十九世紀末の露清密約による東清鉄道本線の敷設、引き続く二十世紀初頭のハルビンから大連・旅順に至る、東清鉄道南満洲支線の建設・運用開始に伴い、ロシアは、この地に奉天駅を設置し、その南東の区域を南満洲支線奉天附属地として、排他的行政権をも行使するに至る。日露戦争が勃発したのは、その二、三年後のこと。一九〇四（明治三七）年二月の日本陸軍部隊の仁川上陸作戦に始まり、翌一九〇五（明治三八）年三月の奉天大会戦（における日本陸軍の辛勝）が、事実上、満洲での陸上戦闘の掉尾となった。

更にその二ヶ月余後の同年五月末、対馬沖での、日本の連合艦隊とロシアのバルチック艦隊との、日本海海戦における日本の歴史的大勝利が、同年九月の日露両国間のポーツマス條約の締結へと連動していったのだった。

アメリカのルーズベルト大統領の仲介により、アメリカ、ニューハンプシャー州ポーツマスにおける両国間の講和会議の結果、日露間で締結されたポーツマス條約により、関東州の租借権、並びに、東清鉄道南満洲支線および附属地のうちの、長春と大連・旅順との間の鉄道路線および同附属地の租借権が日本へ譲渡された。

奉天満鉄附属地時代の奉天

次頁の現在の地図と対比してみると都市形成が二元的に行われてきたことが読み取れる

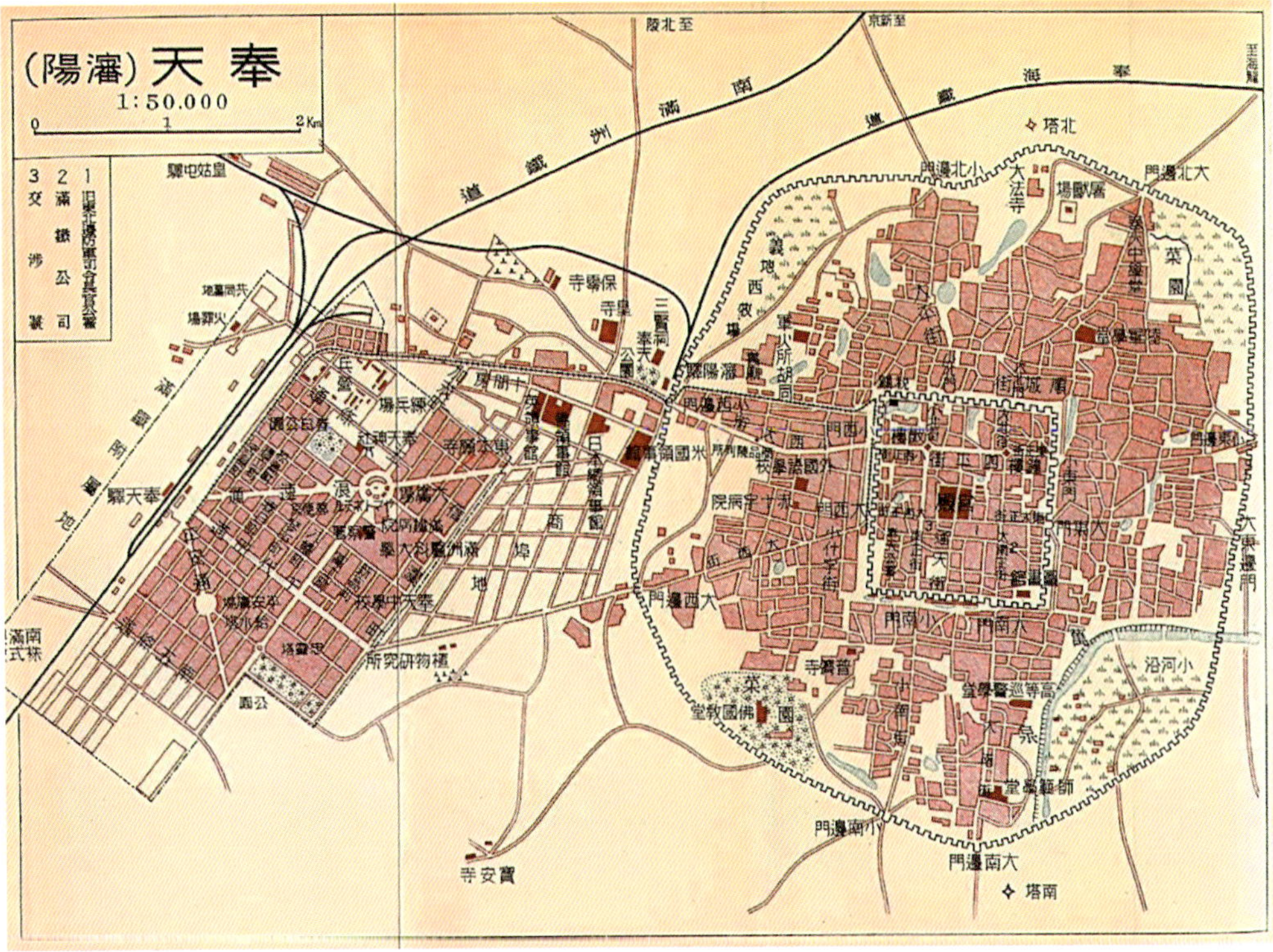

現在の瀋陽

　左手下部が瀋陽駅、中央やや上部に瀋陽北駅、そして右下の四角が奉天城のあと

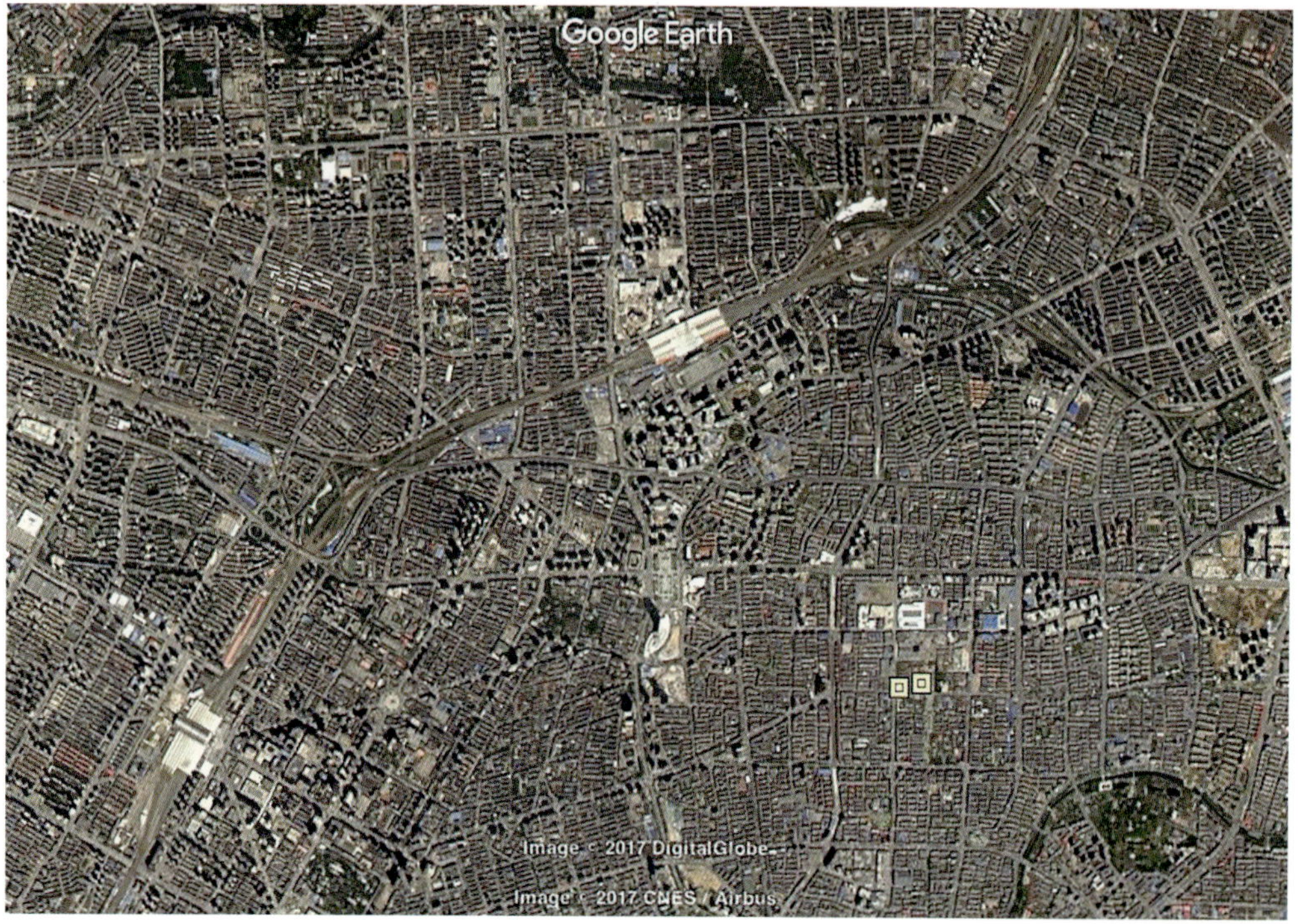

（「Google Earth：2017」より）

　このようにして日露戦争の終結とポーツマス條約の締結以来、ここ瀋陽（奉天）の地は、いわば二元的な市街圏――しばしば城内と呼ばれた旧来からの奉天城内部区域と、他方、城内から西に五キロほど、大連から長春に至る南満本線の奉天駅を核として含む奉天満鉄附属地――の上に築かれてきたのだった。そして、満洲国建国のベースとなった一九三一（昭和六）年九月の満洲事変の発端も、ここ瀋陽の地の北部、現在の新幹線瀋陽北駅に近い、柳條湖であった（94頁参照）。

満洲国建国後の奉天の地位

一九三二（昭和七）年三月の満洲国の建国後、後述のように、長春が国都新京とされ、新京が行財政や軍政の中心地となっていった。他方、満洲にあっての旧来からの交通要衝の地で最大人口を擁する奉天は、大炭鉱の撫順や、鉄鋼のまち、鞍山・本渓湖などを近隣にひかえ、商港大連や営口も手近であったため、満洲の重工業発展にあって中心的な地位を占めるまでになっていき、従来は未開であった奉天駅西側の「鉄西地区」も、工業発展が図られて、多くの工場が立地していった。

　なお、このように奉天を頂点とする南満洲工業地帯は、第二次世界大戦中の一九四四（昭和十九）年の七月から十二月にかけて、中国南部の奥地の成都を発着基地とするアメリカ空軍Ｂ２９戦略爆撃団によって数次に亘る戦略爆撃を受け、鞍山在の昭和製鋼所などをはじめとして、壊滅的被害を蒙ったのだった。

第二節　瀋陽（奉天）そぞろ歩き

――旧奉天満鉄附属地とファースト・エンペラーの遺跡と

懐旧の旧奉天満鉄附属地

私の乗った新幹線和諧号は、長春駅を出ると左に大きくカーブして進行し、徐行したまま、もっぱら新幹線用に建設されたばかりで、まだあまり人影も見当たらない長春西駅をそのまま通過した。そして、そろそろ長春の市街地がきれて田園風景が拡がってきた頃から次第にスピードを上げていった。車内前方上部の列車速度表示が、二百キロをこし、数回三百キロをもこしたな、などと見ているうちに、一時間余で無事瀋陽着。お定まりの順序で、新幹線降客専用地下通路を経て、確かに駅の南口に出て、背後の駅舎を振り仰ぎ見たのだった。だが、それは、私が十年ほど前に瀋陽を訪れた際、東京駅を模して建てたと言うことで、わざわざ訪ねていって写真まで撮っておいたかつての奉天満鉄附属地の中核、低層の瀋陽駅とは、似ても似つかぬものだった。

後述の如き長春での先例もあるので、前方広場の少し離れたところからよくよく見てみると、壮大な駅舎の上部には、瀋陽北駅との表示があった。ということは、ここは、丁度、ハルビン西駅の如くに、従来の瀋陽駅の北に、もっぱら新幹線の発着専用に、最近新たに建てられた駅の如くであった。今回の瀋陽往訪の目的の一つは、旧奉天満鉄附属地の核である東京駅に模して建てられた瀋陽駅の現状確認であったから、何はともあれ、その瀋陽駅に行ってみなければならなかった。どうやら地下鉄を使えば、瀋陽北駅から瀋陽駅に行

新幹線瀋陽北駅全景

けそうではあったが、取り敢えずタクシーで瀋陽駅そのものに行ってみることにしたのだった。
　このような経緯で、改めて再会を果たした瀋陽駅。大連駅が嘗ての上野駅のソックリさんだとすれば、こちらは東京駅のソックリさんで、心安まることに、たしかに十年ほど前のそれに違いはなかった。但し、新幹線導入時に相当改築やお化粧なおしをしたとみえて、何となく派手目にはなっているようだった。他方、駅舎の両翼が削がれてはいたが、駅前に存して柱頭に戦車を乗せた高い不粋な角柱が無くなっていたことは、気持ちが良かった。さらによくよく見てみると、十年ほど前の駅舎と比べ、両翼が削がれているがために、百年以上前の建設当初との写真対比で、却って類似性が増したような、つまりは先祖返りをしたような、そんな感じさえもしたのだった。

戦前の奉天駅
背後に煙突など見えているのがようやく発展しつつあった鉄西地区

2006年当時の瀋陽駅全景

新装なった現在の瀋陽駅

東京駅を模した建築早々の奉天駅（1910年頃）

東京駅の現状

旧奉天満鉄附属地懐旧ナンバーワンの瀋陽駅の現状にひとまず安堵して、次いで駅前の旧千代田通りをぶらついてみると、道路沿いに結構昔を偲ばせつつも、まだ現役とみられる建物がそのまま残されていた。そんな旧千代田通りを左折して、南京北街と標識のある大通りを、旧満鉄附属地市街地の中心、旧大広場（現中山広場）に向かった。

瀋陽駅前通り辺りの附属地時代からの建物

やがて南京北街の突き当たりに、その中心に毛沢東像が立つ大広場が見えて来た。旧奉天満鉄附属地懐旧ナンバーツーの奉天ヤマトホテルは、南京北街と大広場周回路の角あたりに、大広場に正面して建っていた。遼寧賓館との標記や最近の車などを度外視すれば、それは、往年の（写真でみる）奉天ヤマトホテルその儘だった。

大広場に正面する奉天ヤマトホテル

（国書刊行会：「望郷 満洲」より）

奉天ヤマトホテルが遼寧賓館に

瀋陽での清王朝の残した二つの世界文化遺産遺跡

瀋陽には、マストゴーの世界文化遺産が二つ存するのだが、そのいずれもが、満洲の地より出でて中国全土に覇を唱えた清王朝の、しかも、その初代皇帝、ファースト・エンペラー、太宗といわれたアイシンギョロ・ホンタイジ（愛新覚羅皇太極）が、直接的な関わりをもったものである。

瀋陽故宮・大政殿

即ち、その一つは、旧奉天満鉄附属地とともに、現在の瀋陽の市街地形成のもう一方の極となった、ホンタイジの治世にその多くが建設された奉天城の王宮部分がそのまま残されている瀋陽故宮。それは、さしずめ、京都在の御所と相似た感がする。

瀋陽故宮・鳳凰楼
（旧況と現況）

瀋陽故宮・奉天城大南門の旧況

（国書刊行会：「望郷 満洲」より）

瀋陽故宮・奉天城大西門の現況

また、瀋陽の北部郊外には、清朝廷が、その太宗ホンタイジと皇后孝文端の二人のために建てた、城門・城壁・建物群などをも含む、壮大な規模の陵墓、昭陵（北陵）が存しており、こちらも、世界文化遺産に指定されている（現在、その周囲は自由な散策が可能な北陵公園となっている）。

（国書刊行会：「望郷 満洲」より）

昭陵・方城ノ門（旧況と現況）

大清国のファースト・エンペラー愛新覚羅皇太極は、一六三六―四三年の間、奉天城を築いて瀋陽故宮に住まいし、その死後、瀋陽郊外の壮大な昭陵に、皇后とともに丁重に葬られている。

他方、大清国のラスト・エンペラー愛新覚羅溥儀は、たまたま、それから丁度三百年の年月を経た一九三四―四五年の間、満洲帝国皇帝として国都新京の地の宮廷府に住んだ。

愛新覚羅皇太極と愛新覚羅溥儀。大清国のファーストとラストのこの二人が、三百年の時を挟んで、一方で瀋陽、他方で長春の地で、それぞれ如何に生きていたかとの歴史を、わずか数日の間に、直接見届けることが出来たことは、今回のわがふるさと満洲の新幹線旅行にあっての最大の収穫の一つであった。

第三節　近・現代史上、「事件」のまちでもあった瀋陽（奉天）

満洲某重大事件（張作霖爆殺事件）

一九一二（明治四五）年の辛亥革命以降、中国が一大混乱期にある中で、ここ満洲の地にあって最大人口を擁する瀋陽（奉天）は、馬賊上がりの張作霖が首領である軍閥、奉天派の根拠地となっていた。その張作霖が、一九二八（昭和三）

皇姑屯と柳條湖と
　緑色：皇姑屯（張作霖爆殺事件現場）
　黄色：柳條湖（満洲事変勃発の地）
　橙色：張学良軍の駐屯地北大営

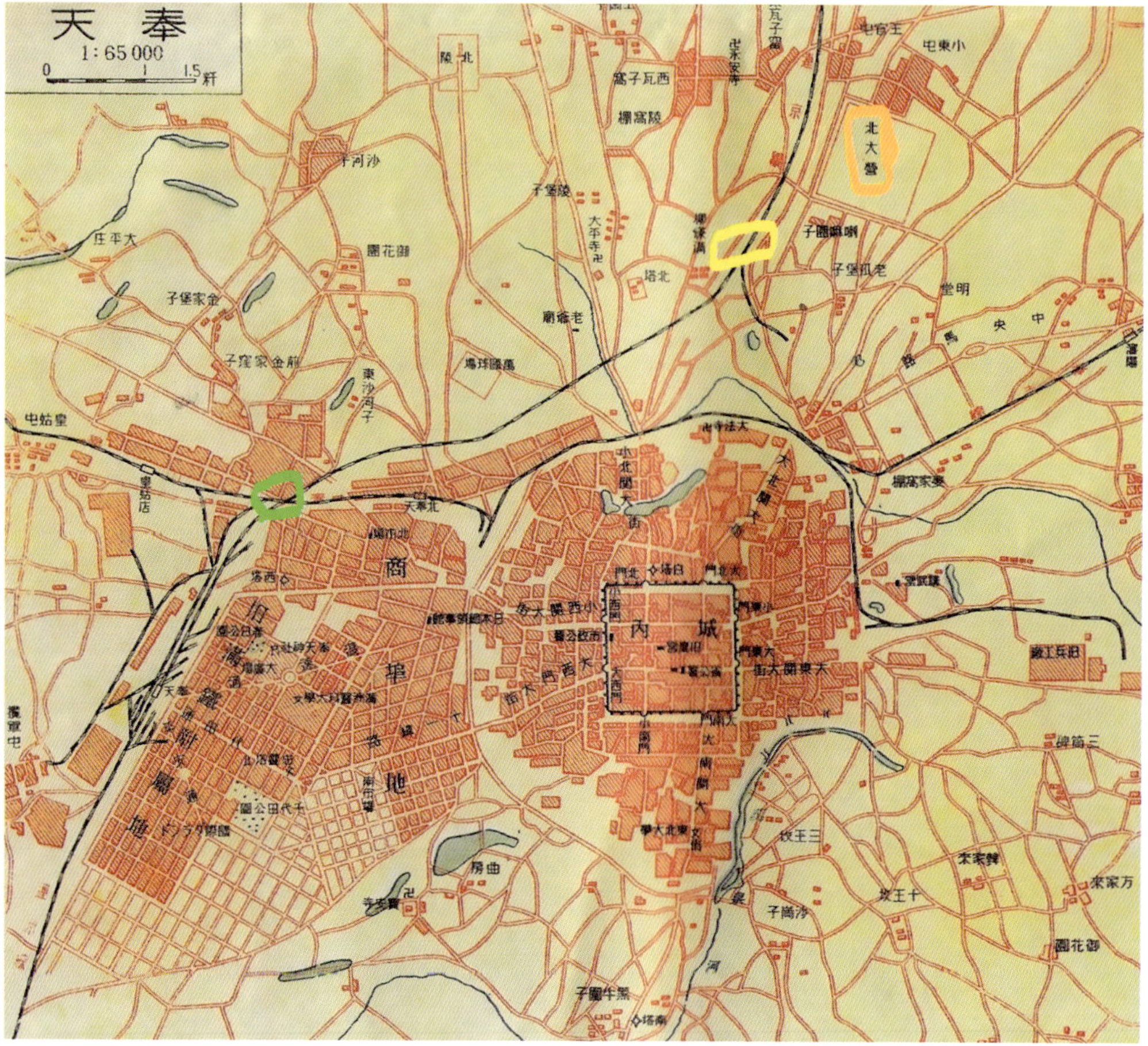

年六月、蔣介石の北伐軍に追われて北京より奉天への帰途の列車にあって、奉天満鉄附属地の一キロほど北方、皇姑屯駅付近にて、列車ごと爆殺された。関東軍参謀河本大作大佐の謀略によるものであった。

日本国内にあっては、その三ヶ月ほど以前の三月十五日、いわゆる「三・一五事件」として、全国的に、治安維持法違反容疑者二千五百人が逮捕されていて、まことに物情騒然とした折でもあり、本件は、「満洲某重大事件」として、世の耳目を集めたのだった。

張作霖（1875–1928）

張作霖爆殺事件現場（1928年６月４日）

張作霖のあと奉天派軍閥を継承した息子の張学良は、翌年七月、「易幟」して青天白日旗を掲げ、これまで対立関係にあった蔣介石との提携を表明した。そして、具体的には、満洲での排日運動として、まず満鉄包囲線を敷設し、葫蘆島に築港するなど、満鉄枯渇政策を行った。このようにして、張作霖爆殺事件によって、日本と張学良の率いる満洲での最大

の奉天派軍閥との関係は、よりこじれたものとなって、満洲事変の遠因ともなっていったのだった。

中村震太郎陸軍参謀大尉一行の惨殺事件

一九三一（昭和六）年六月末のこと、陸軍参謀本部員中村震太郎大尉外三名が、命により大興安嶺の東側一帯の軍用地誌の調査中のところ、現在の中国の内モンゴル自治区、索倫東方二十キロほどの地点で張学良配下の屯墾（開拓）軍に拘束され殺害された、いわゆる「中村大尉事件」が発生した。この事件については、中国側との外交交渉も遅延に遅延を重ねた。そして、日本の国論も沸騰し、事件発生三ヵ月後の満洲事変の直接的な引き金になったとも言われている。

中村震太郎大尉と井杉延太郎軍属
「ますらお中村震太郎　行く手は暗し興安嶺」（軍歌）

満洲事変勃発の地

この満洲事変は、一九三一（昭和六）年、九月十八日午後十時二十分ころ、現在の新幹線瀋陽北駅を二キロほど東北方向に上った柳条湖付近の長春に至る南満洲鉄道の線路の一部が爆発により破壊されたことに端を発したものである（この爆破は張学良ら東北軍の犯行とされていたが、実際には関東軍の一グループによって実施に移された自作自演的謀略事件であった）。

関東軍は、この爆破後、直ちに直接的戦闘行動に移り、爆破地点から更に二キロほど南満本線を北上した線路東側に位置

奉天城に入城する関東軍独立守備隊（1931年９月）

チチハル城に入城する関東軍所属第二師団（1931年11月）

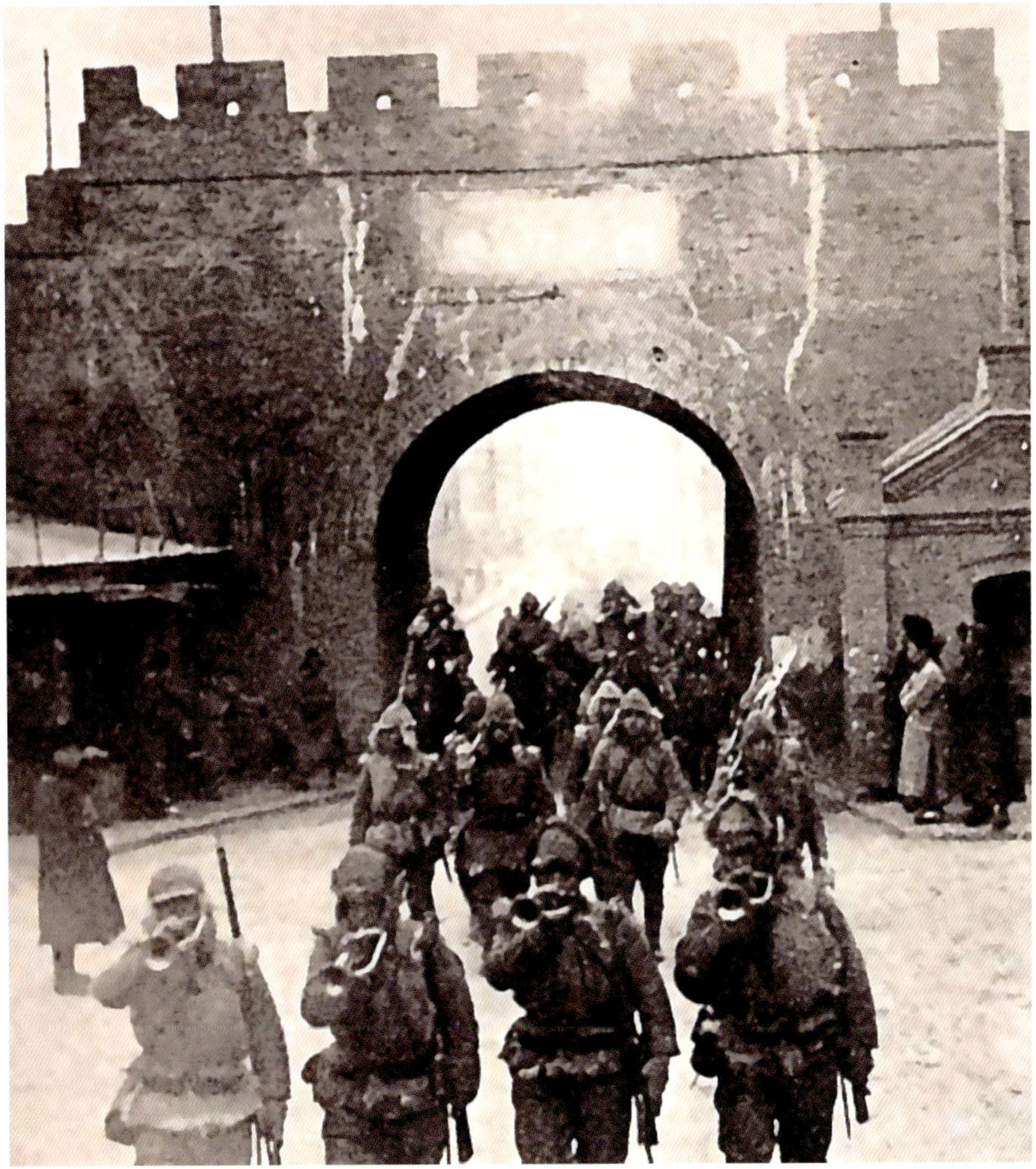

する、張学良軍の本拠地北大営（94頁）を攻撃し、翌十九日朝までに、これを完全制圧するに至った。

以後、関東軍は、わずか五ヵ月の間に、満洲全土を占領した。軍事的には、まれに見る成功と言え、次章で述べるように、これが、一九三二（昭和七）年三月の満洲国の建国へと、連動していったのだった。

錦州市内を行進する関東軍部隊（1932年１月）

第四章　長春＝新京

――十三年半の夢まぼろし

第一節　満洲国と新京と

満洲事変と満洲国の誕生

大正デモクラシー後の昭和初期、日本国内にあっては、金融恐慌・大不況、治安維持法による反体制派の大弾圧、主として米どころ北日本でのうち続く凶作（そして娘の身売り）など、暗い社会情勢が続いていた。そのようななかで、一九三一（昭和六）年九月十八日、奉天郊外、柳條湖でその口火が切られた満洲事変は、「関東州と満鉄附属地の時代」の掉尾となって、大日本帝国の満洲大陸への関与状況を一変させた。この柳條湖事件に端を発した日中間、具体的には主として関東軍と張学良軍との間、の軍事衝突にあって、関東軍は、五ヶ月ほどの短期間に、ほぼ満洲全域の軍事的制圧に成功したのだった。

満洲事変を契機として、第二章と第三章においても適宜述べられているような、三十年近い関東州と満鉄附属地の時代は終わりを告げた。そして、事変の翌一九三二（昭和七）年三月、関東軍の主導により、南満本線とよばれた大連を始発駅とする南満洲鉄道の終着、長春駅が所在する「長春」を国都「新京」とし、清朝第十二代皇帝宣統帝愛新覚羅溥儀を執政とした満洲国が建国され、年号が「大同」と定められた。

満洲国執政就任式に出席のため新京駅に到着した溥儀一行

（国書刊行会：「さらば 新京」より）

満洲国全土とその省別区画

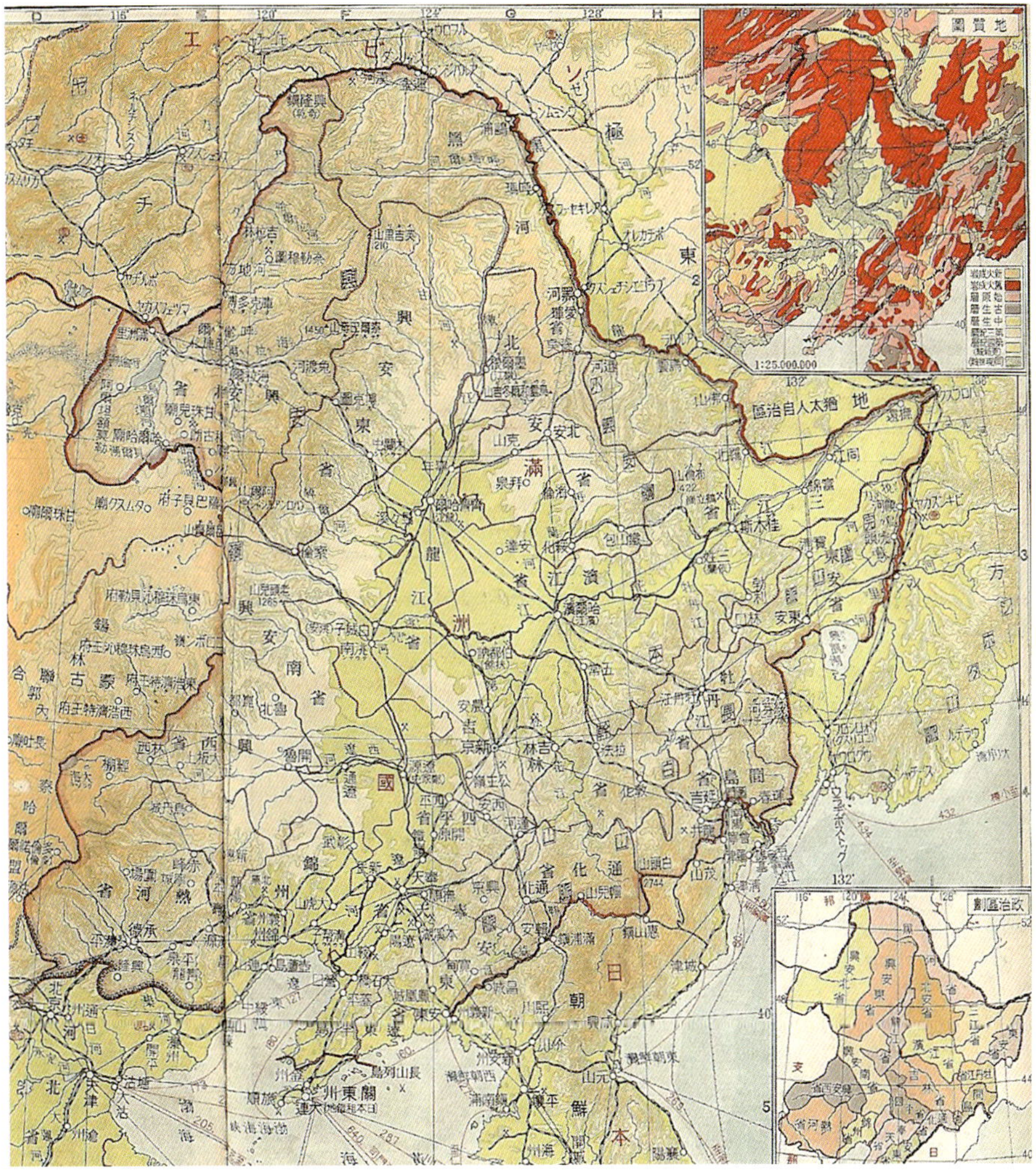

満洲国の面積は、日本国の約三倍強の百二十万平方キロ、人口は、約三千万人にたっしていた。そして、日本国と満洲国との関係の大筋は、昭和七年九月十五日に締結された「日満議定書」によって律せられることとなった。

このように、端的には満洲事変により建国された満洲国は、建国二年後の一九三四（昭和九）年三月、帝制に移行し、執政溥儀は皇帝即位式を挙げて、満洲帝国皇帝となり、年号を「大同」から「康徳」に改めて、康徳帝と称した。

満洲国皇帝就任式を終えて（勤民楼玄関口にて：昭和９年３月１日）

（国書刊行会：「さらば 新京」より）

前掲（103頁）の「日満議定書」にあっては、「満洲国ノ領土及治安ニ対スル一切ノ脅威」に関して、「（日満）両国共同シテ国家ノ防衛ニ当ルヘキコト」とされ、「之カ為所要ノ日本国軍ハ満洲国内ニ駐屯スルモノトス」と定められていた。

国土面積が百二十万平方キロにも及ぶ大陸国家満洲国あっては、四面海なる島国に住む日本人には馴染みの薄い、長大な国境線に囲まれており、満洲国の領土防衛は、国境防衛と同義であった。かくして、関東軍が、事実上、満洲国の領土防衛に、他方、関東憲兵隊が、満洲国の国内治安対策にあたったのだった。

大陸国家満洲国の国境（国の外延）は？

前述のように、「満洲国内ニ駐屯スル」関東軍の主要役割は、満洲国の国境防衛にあった。

そして、その大陸国家満洲国の長大な国境だが、最大問題のソ連と満洲国の間にあっては、事実上、ロシアと大清国の間の、アイグン條約（一八五八年）と北京條約（一八六〇年）によるものが、そのまま踏襲されていた。

これを具体的には、満洲国北部一帯の国境は、「黒龍江の流れ」そのものであったため、小さな国境侵犯はあっても、大規模紛争のおこる余地は小さかった。さらに満洲国東部の沿海州にあっては、琵琶湖の六倍の広さのハンカ（興凱）湖から北流するウスリー江が、黒龍江と同じ役割を果たしたが、興凱湖以南、朝鮮国境に至るまでは、国境が必ずしも明確でなく、屡々国境紛争が起こっている。

ソ・満国境

北部は黒龍江が、東部はウスリー江が、それぞれ国境を形成していた

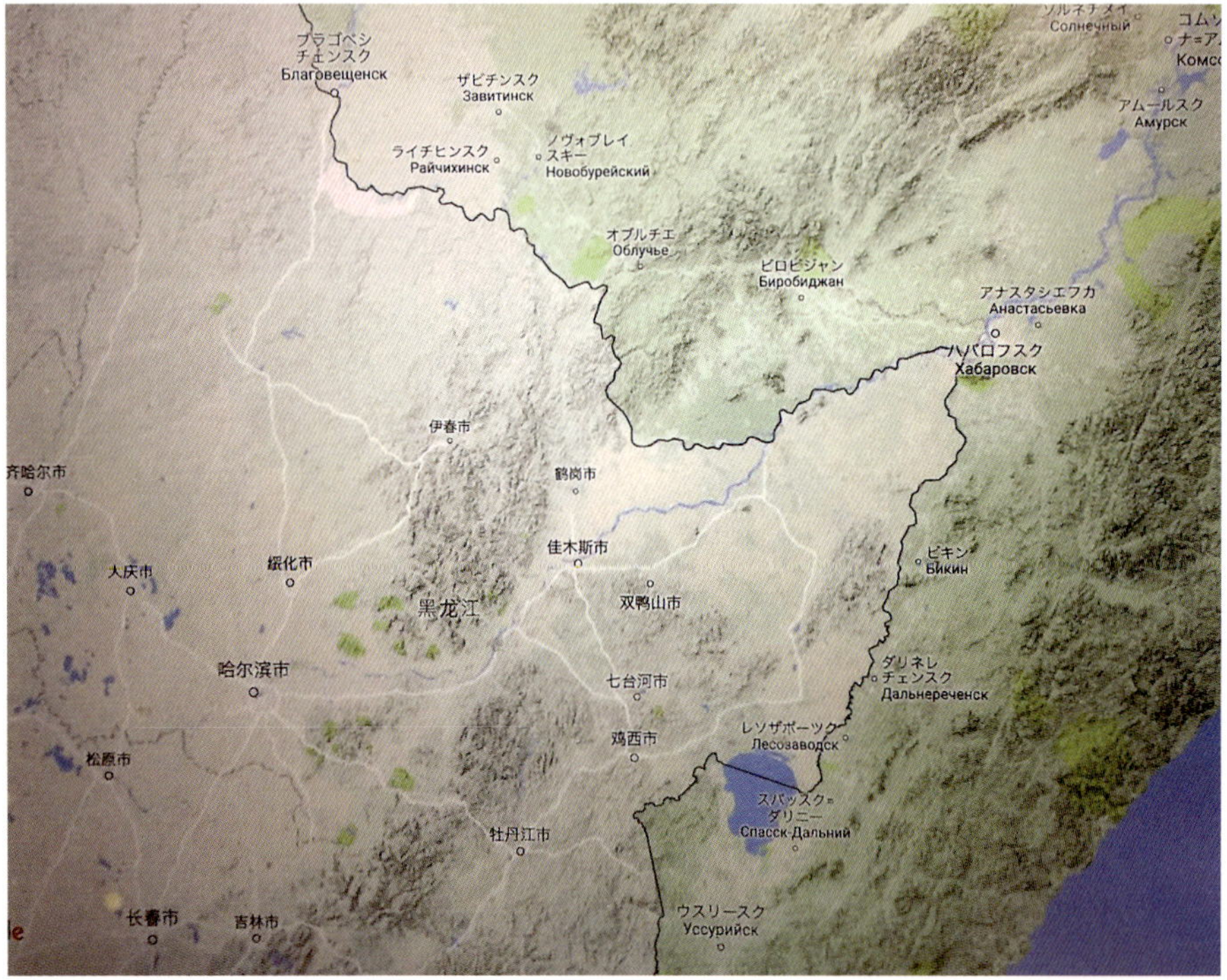

（「Google Maps：2017」より）

黒河から黒龍江ごしにのぞむ
対岸のブラゴベシチェンスク
　戦前：黒龍江解氷時のもの、現在：八月頃のもの

（国書刊行会：「望郷　満洲」より）

満洲国の東南部は、伝説的で神秘なカルデラ湖「天池」を抱く最高峰長白（白頭）山を始めとする、鉱物資源の豊富な大山岳地帯となっていて、そこには長大な鮮満国境が横たわっている。ただ、満洲国時代にあっては、朝鮮は、一九一〇（明治四三）年の日韓併合條約により日本の一部であったがためと、長白（白頭）山頂の天池を水源とする、東流する豆満江と西流する鴨緑江とが、それぞれ、国境線となっているため、国境紛争は起こるべくもなかった。ただし、実質的な問題としては、特に豆満江の上流部分では、川幅もせまく水流がさほど豊かでもなく、また中州が多く、渡渉も不可能ではないこともあって、清朝時代から、朝鮮からの清への大人数の農民の流入が続いていた。この関係から、現在の中国にあっても、延辺朝鮮族自治州が設けられていて、そこには百万人超の朝鮮族が居住している。

満洲国の西南部、万里の長城附近にあっては、満洲国建国以後も、日本軍と中国軍との間で、時折、小競り合いが発生していたが、塘沽協定（一九三三年五月）によって小康を得ることとなった。

大山岳地帯が横たわる鮮満国境

緑色が長白（白頭）山で、ここから、豆満江が東流し、鴨緑江が西流する

（「Google Maps：2017」より）

国境の図們から豆満江を越えて朝鮮領へ往来（戦前）

（国書刊行会：「望郷　満洲」より）

朝鮮語だらけの延吉市の街頭風景
　嘗ては満洲国間島省の省都：現在は中国延辺朝鮮族自治州の州都

聖なる長白（白頭）山（標高2,744メートルで、朝鮮山脈の最高峰：左下隅は天池）

長白山頂より見下ろす紺碧の天池（カルデラ湖で鴨緑江、豆満江、松花江の水源）

長白瀑布（天池が水源で、二道白河を経て松花江へ）

国境紛争問題

長大な国境線を巡っての国境紛争が屡々であったが、その最大のものが、一九三九（昭和十四）年五月から九月にかけて、満洲国の西方、外蒙古と国境を接するノモンハンで起こり、関東軍の主導で戦われたノモンハン事件であった。この事件にあっては、日ソ双方それぞれ、交戦兵力は六〜七万、戦死傷は一〜二万に及び、「事件」というよりは、本格的な「空陸戦争」であった。日本側非勢のまま膠着状態に陥っていた同事件は、結局、同年九月十五日、ノモンハン停戦協定の締結によって、外交的に解決を見た。

ソ連は、その翌々日の九月十七日、前月二三日に締結された独ソ不可侵條約の附属ポーランド分割秘密協定を、ドイツにおくれをとることなく実施に移すべく、ポーランド東側国境より進撃を開始し、十月一日までに、独ソ両国によるポーランドの東西分割が完了した。このポーランド分割こそは、以後、一九四五（昭和二十）年五月まで六年間うち続く、第二次世界大戦ヨーロッパの実質的端緒となったものだった。

このノモンハン事件の責任により、一九三九（昭和十四）年九月七日、関東軍司令官植田謙吉大将が解任され、梅津美治郎中将に替わった。陸軍大学校首席卒業でその俊英ぶりをうたわれていた梅津は、その後大将に進級し、一九四四（昭和十九）年七月、東條内閣の崩壊による陸軍参謀総長就任のためその職を離れるまで、ほぼ五年の間、関東軍（総）司令官として在任し、いらざる国境紛争の防止につとめたのだった。

植田謙吉大将以下関東軍関係者が相当数処分されたとはいえ、ノモンハン停戦協定締結の経緯にみられる如くに、第二次世界大戦の端緒に直接連係していたこのノモンハン事件の最大の問題は、関東軍はもとより、日本陸軍その他軍関係者

ノモンハン事件の戦場となった西部国境ハルハ河一帯（青マル部分）

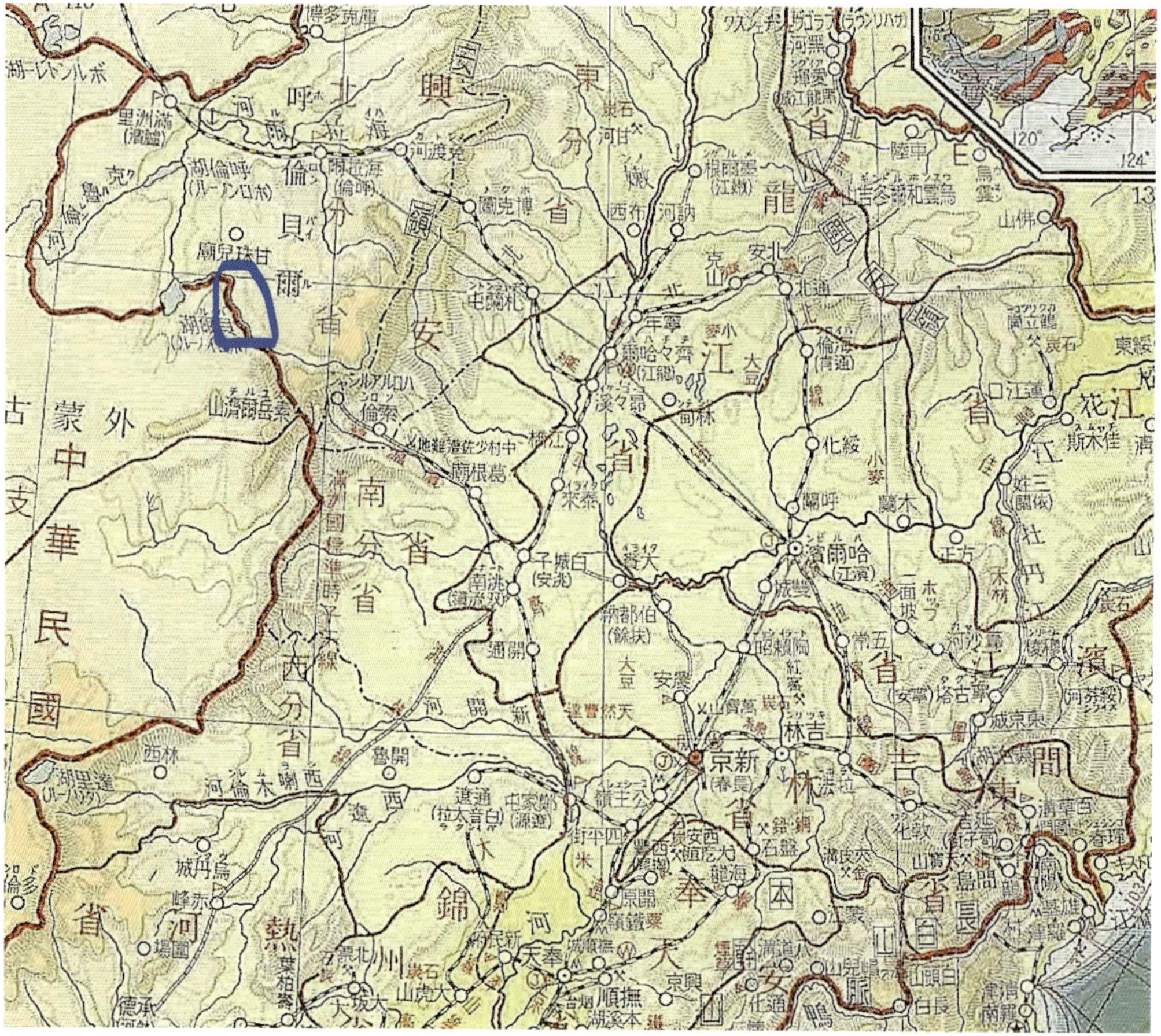

高原での戦闘（関東軍兵士とソ連軍擱座戦車）

が、局地戦の帰趨にばかり捕らわれて、指揮命令系統を始めとして、大局的視野に欠けていただけでなく、第二次世界大戦の端緒に密接に関連していた、全体として負け戦に近いものだったこの本格的軍事衝突事件に学ぶことといかに少なかったか、と言うことのように思われるのだ。

東清鉄道のソ連から満洲国への譲渡

一九三二（昭和七）年の満洲国の建国後、ソ連は満洲国を承認しなかったが、新京（長春）以北のこれまでの東清鉄道は、事実上、ソ連と満洲国との合弁となり、満洲国政府交通部は、翌一九三三（昭和八）年、その名称を「北満鉄路」に変更した。更に、これより二年（帝制移行後一年）を経た一九三五（昭和十）年三月、両国政府は、同路線のソ連から満洲国への売却価格について合意に達して「北満鉄道譲渡協定」を締結し、かくしてソ連は、満洲国の建国後三年にして北満鉄路全線の利権を満洲国に売却のうえ満洲から撤退した。なお、この譲渡価格の決定（引下げ）交渉に際しては、当時、満洲国外交部所属だったロシア語の達人、杉原千畝が活躍するところ大であったと伝えられている。

この結果、東清鉄道は満洲国国有鉄道となり、その経営は満鉄に委託された。なお、この際、軌道幅もロシアによる建設当時の一五二〇ミリから満鉄の標準軌である一四三五ミリに修正された。かくして、附帯的には、一九三四（昭和九）年に運行開始の特急あじあ号の、ハルピンまで運行延長も可能となったのだった。

治外法権撤廃條約

その後、一九三七（昭和十二）年十一月、日本国と満洲国とは、「満洲国ニ於ケル治外法権ノ撤廃及南満洲鉄道附属地行政権ノ委譲ニ関スル日本国満洲国間條約」を締結した。かくして、満鉄は、一九〇六（明治三九）年以来三十年間保持してきた満鉄附属地行政権を、満洲国に委譲し、その他の治外法権も撤廃されて、満洲国は、一九三八（昭和十三）年以降、建国後五年にして、法制的にも治外法権を撤廃した独立国としての道を歩むこととなった。満洲国の消滅まで、あと七年半を残すのみであったが。

長春満鉄附属地から国都新京への急速な変貌

日本は、一九〇五年、ポーツマス條約によって、遼東半島とともに、東清鉄道南満洲支線のうちの、長春と大連・旅順間の鉄路、および、その附属地の租借権を獲得した。しかしながらこの時点にあって、長春近辺一帯に、現在の八百万都市になるべきことをうかがわせるところのものは、勿論、ほとんど何もなかった。

日本が長春まで進出したとは言え、南満洲支線のうちの、ハルビンと長春の間の鉄路および附属地は、依然としてロシアの租借権下にあった。日本の租借権の北端の長春部分にあっては、現在の長春駅の北方に、ロシアの寛城子駅と同附属地があるのみで、新規参入者の日本側としては、長春にあって、日本の租借権が及ぶ長春満鉄附属地を、自ら買収・設定し、南満本線の北の終着駅、長春駅を建設しなければならなかった。

かくして一九〇七年頃より始められた附属地土地買収は、各般の努力でそれなりに順調に推移し、一九一三年には、同年に完工した長春駅の主として南側の、五百ヘクタールに及ぶ長春満鉄附属地の境界が定まり、同附属地に格子状道路、それに、

新京国都建設計画

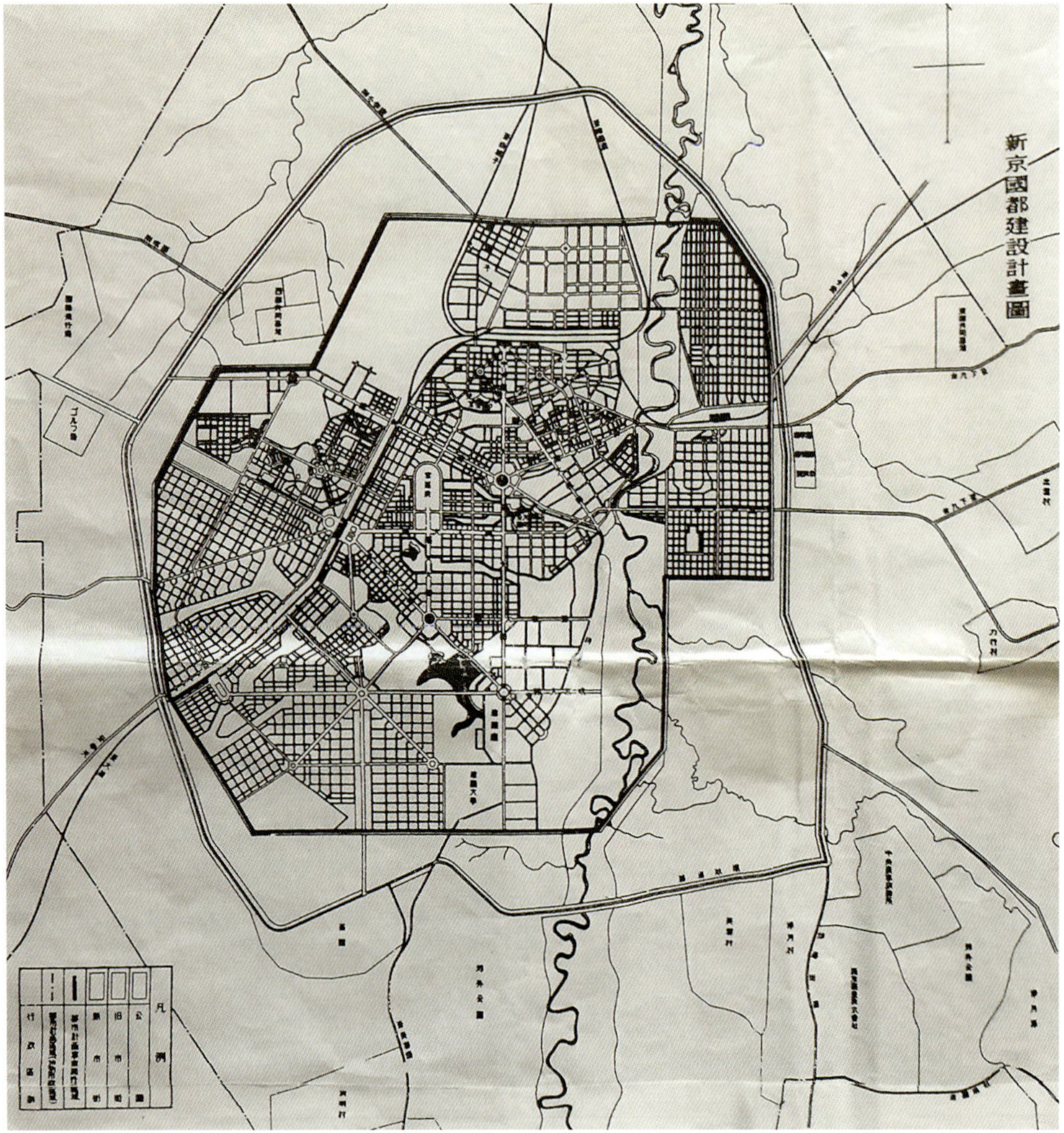

斜め道路と広場とを併置する市街計画のもと、逐次市街化が進められていき、満洲事変直前の一九三〇（昭和五）年頃には、一万人強の日本人が居住するに至っていたのである。

一九三一（昭和六）年九月に生起した満洲事変と、これによる翌一九三二年三月の満洲国の建国とによって、長春は国都新京とされ、以来、「長春＝新京」を巡る従来の客観情勢は完全に一変した。

現在の長春地図

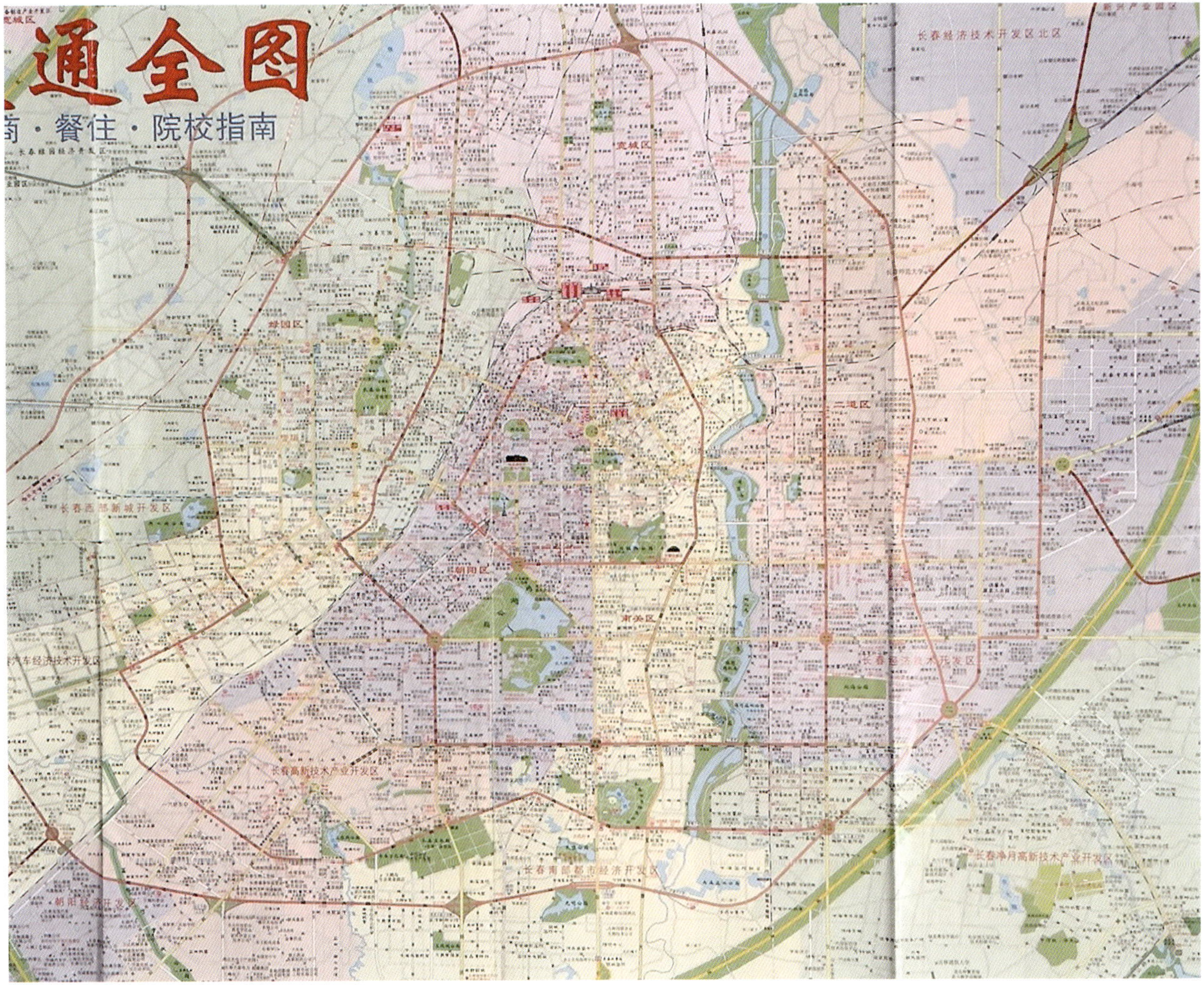

新しい「国都新京」にあっては、従来の長春満鉄附属地市街計画の枠組みを大きく踏み越えた、アメリカの首府ワシントンの場合にあってのピエール・ランファンの連邦都市建設計画にも似た新京国都建設計画のもと、他に類を見ない程の、文字通り急速な市街化・都市化が進められていったのだった。一九四五（昭和二〇）年八月のソ連軍満洲一斉侵攻に至るまでの、わずか十三年半の間にあって。

ワシントン連邦首都建設計画（ピエール・ランファン）

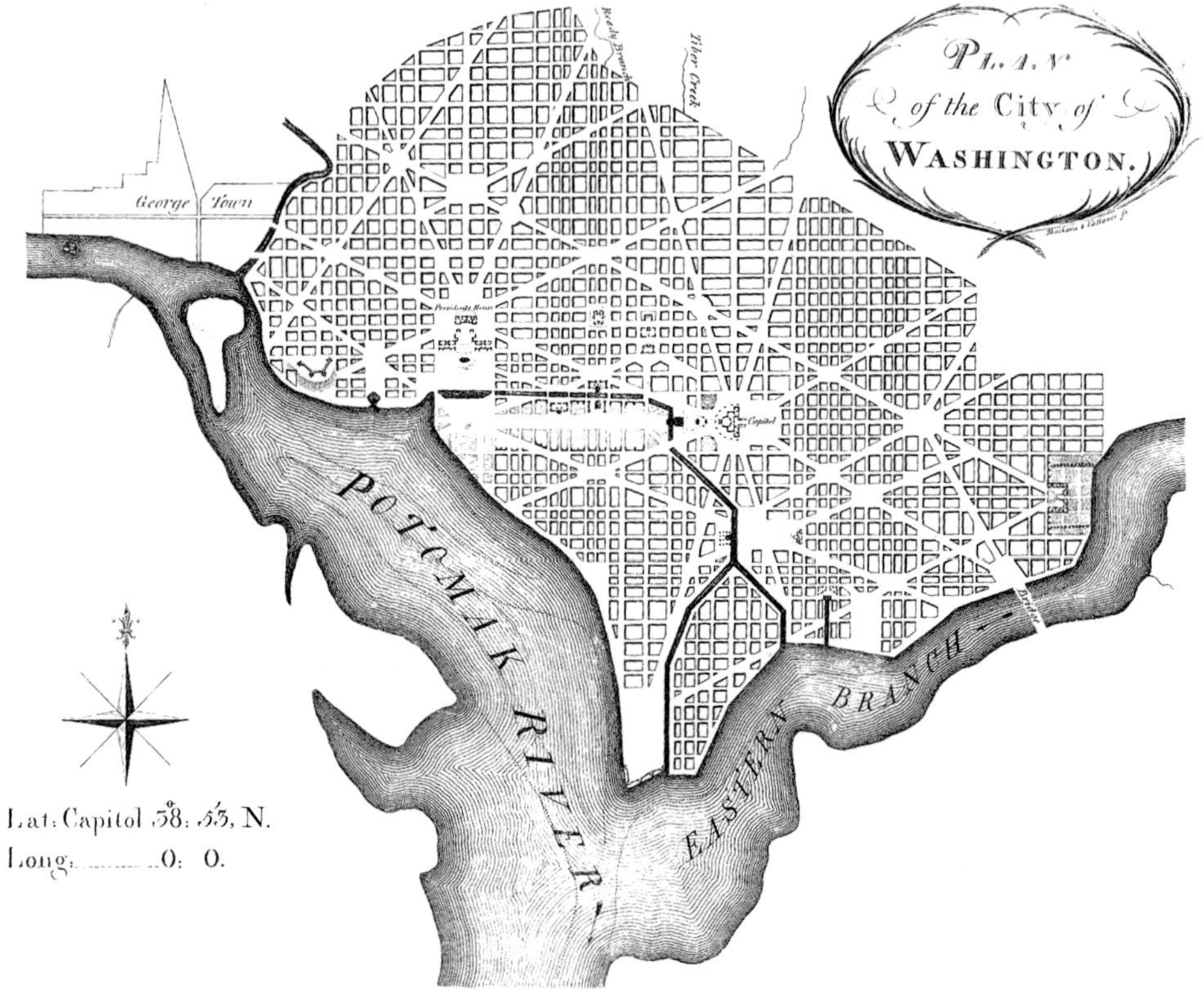

第二節　「長春＝新京」の探訪記

（一）長春駅とその周辺の今昔

――嘗ては国都新京の本駅、現在は在来線と新幹線とが併存

すっかり変わってしまった長春駅

沿線に広がる満洲大平原を、車窓から充分にめでる暇もなく、ハルビン西駅発吉林行き新幹線和諧号は、市街地に入るにつれて徐々にスピードをおとし、程なく懐かしの長春駅のホームへと滑り込んだ。思い返せばこれまでの数度の長春往訪時にあって、長春への出入りは、その全部が飛行機または自動車（バス）であったから、「長春駅」そのものにじかに接するのは、薄ぼんやりとした小学生時代の記憶の中にある、戦争中と戦争直後以来、今回が初めてのことであった。

おもえば、一九三二（昭和七）年三月の満洲国建国に際して、長春が、「国都」と定められて新京となり、これに伴って長春駅も新京駅と改められて、歴史の多くのページを飾ったのだった。その長春（新京）駅については、自身の小学生時代の記憶のほかに、これまでも長春往訪に際して、当時の地図や写真などで十分事前学習をしてはいたのだった。

今やその懐かしの長春（新京）駅に到着して、標識などに誘導されて長春駅構内から長春駅前広場に出て、改めて長春駅そのものをふり返り眺めた率直な感想は、このような懐旧の念を振り払ってしまうのに十分で、私が本当に長春に来たのかな、との疑問を抱かせるほどだった。だが、無機的でサイケデリックとさえ思える程の大きな建物の上部に、長春と、これまた大きな表示がなされているのを見ると、私が、

長春駅新幹線発着ホーム

長春駅北口（新幹線乗降客用）

新幹線でハルビン西駅より到着した長春駅のホームから出てきて、只今現在、駅前広場から、一風変わった構築物であるその長春駅を眺めていることに、どうやら間違いは無さそうだった。

何となく落ち着かない気持ちのまま、駅前広場前の大通りでタクシーを拾い、ホテルに向かっての暫くの走行途中で、これまでの長春往訪で見覚えのある通りや建物を次々と見かけ、そこでようやくわがふるさと長春に舞い戻ってきたな、との感を深めたのであった。

ホテルについて、当日の予定の市内見学に出かける前に、持ち歩いていたアイパッドのグーグル地図にあたってみると、何のことは無い、私が降り立った駅前広場は、これまでなじんでいた長春駅南側のそれではなく、全く新にここ数年間に、在来線と並行してその北側に敷設された新幹線の乗降専用の、かつて寛城子と呼ばれていた地区に建てられた建物と広場であったのだ。そこで遅蒔きながらなるほどなるほどと合点して、それでは在来線オンリーの時代にあって南面していた長春（新京）駅なり駅前広場の現状はどうなのか、と、翌日、長春駅から東に二キロほど離れた皇宮博物院の見学の帰途にでも、改めてじっくり訪ね見ることにした。

新京駅とその周辺（次頁と同一場所の旧況）

（国書刊行会：「さらば 新京」中の「新京市航空写真：1942年4月、高度3000㍍」より）

長春駅とその周辺（前頁と同一場所の現況）

（「Google Earth：2017」より）

威風堂々の長春駅南面と百年経っても変わらぬ現役のつわものたち

かくして翌日午後、皇宮博物院見学後、かつて中華街と呼ばれていた道を通って、長春駅に行くこととした。南面して、一九一三（大正二）年完工の旧長春駅に代わって建てられた新長春駅は、北側の新幹線用構築物とは異なって、威風辺りを払うが如き、いかにも堂々たるおもむきの建物だった。そ

戦前の新京駅

（国書刊行会：「望郷　満洲」より）

現在の長春駅（南口）

(国書刊行会:「さらば 新京」より)

「長春＝新京」駅前広場の旧況と現況
右手側に旧満鉄新京支社、左手側に旧新京ヤマトホテル

して、駅前広場も、工事中ではあるものの、従前同様の、広いがままに残されていた。

さらに、何よりも驚かされたのは、駅前大広場から真南へと向かう、旧大同大街（現人民大街）の、とっつきのところに位置する、東側にあっては旧新京ヤマトホテルと、西側にあっては旧満鉄新京支社とが、これまた殆ど旧状のままに、残されていることだった（現在のそれらの用途も嘗てと同じようであった）。

長春駅前にあって、かれこれ一世紀余にもなる、昔とほぼ同様の形状のまま残され、同じ用途に使用されているこれら二つの建物。その西側の旧満鉄新京支社をみては、そういえばかの満鉄調査部事件にあって、ここからも多数の満鉄調査部関係の検挙者を出したのだったな、とか、他方、東側の旧新京ヤマトホテルをみては、そういえばかの甘粕正彦は、ここに逗留して、毎朝、ここから自動車で旧南新京駅近くの自身が理事長を務める満洲映画協会に通っていたのだったな、などと、終戦前の満洲の歴史の細部が、そのまま脳裏に甦ってくるのであった。

そして最後に付言すれば、長春にあって、長春満鉄附属地時代から現存して活躍している建物は、どうやらこの二つに限られており、その他は全て、満洲国時代になってから以降のものなのである。

旧新京ヤマトホテルの旧況と現況

（国書刊行会：「さらば 新京」より）

旧満鉄新京支社の旧況と現況

ラスト・エンペラー：満洲国皇帝愛新覚羅溥儀

（二）旧満洲国宮廷府（ラスト・エンペラーの仮寓所）
――現皇宮博物院

満洲国宮廷府の立地

長春（新京）駅から東に二キロほど、嘗て城内とよばれていた雑然とした街区に、現在は「皇宮博物院」となっている旧満洲国宮廷府――ラスト・エンペラーの仮寓所――はあった。仮寓所であることは、満洲国皇帝の執務・居住の場としては、なんとしても手狭だっただけではなく、なによりも、城内とよばれていた街区の中で、宮廷府の直ぐ前に、既決囚や未決囚を収監する新京監獄が存していたことからも、十分頷けるところであった。

満洲国宮廷府の正面出入口の旧況

（国書刊行会：「さらば 新京」より）

現在の宮廷府出入り口から中に
　右：中からみた宮廷府門柱と長春市内
　下：正面に長春門が見える

ここで若干横道に逸れるが、宮廷府の直ぐ前に所在していた新京監獄について触れておこう。勿論現在の長春にあって、新京監獄そのものないしは直接的なそのあとが残されているわけではないが、一九四二（昭和十七）年春当時の航空写真でこの附近を拡大してみると、どうやらその全貌がうかがえるようだ。勿論、新京監獄は、満洲国政府司法部の管轄下にあったから、満洲国において警察権を行使していた関東憲兵隊としても、この施設を検挙者の留置尋問に宛てることは出来ず、検挙者はあくまで憲兵隊関係の留置場等に止めおかれて、憲兵隊による取調を受けたのだった。

そして、例えば関東憲兵隊が深く関わった興農合作社・満鉄調査部事件にあっては、このような取調の結果、犯罪事実が明らかになったとして、関東憲兵隊から新京高等検察庁に送致がなされて始めて、その身柄が、新京監獄未決監に移された。そして、新京新市街の南方、南湖の北端近くに位置する綜合法衙内の新京高等検察庁による取調や、さらに、同検察庁によって起訴された場合には、同じく綜合法衙内の新京高等法院での裁判に、臨んだのであった。

かくして新京の冬期の寒さの中、例えば関東憲兵隊によって満鉄調査部事件の主犯と目された元満鉄調査部所属で京都大学経済学部助教授の俊英大上末廣の如く、新京監獄未決監在監中、発疹チフスに罹患し、伝染病専門の新京千早病院に収容されたものの、そこで死亡するに至った、などという悲劇も、次々と起こったのであった。

勿論、建国当初の満洲国政府関係者が、このような「皇帝在所の前に監獄あり」といった事態をそのまま容認していた訳では無く、前述の新京国都建設計画にあって、建設計画圏のほぼ中央、大同広場の西方一キロ余の所に、南面した前方後

宮廷府の直ぐ前に新京監獄が

緑マルが宮廷府で、その下方の橙マルが新京監獄

新京監獄にあっては、放射状の既決囚監とそれ以外の未決囚監が見て取れる

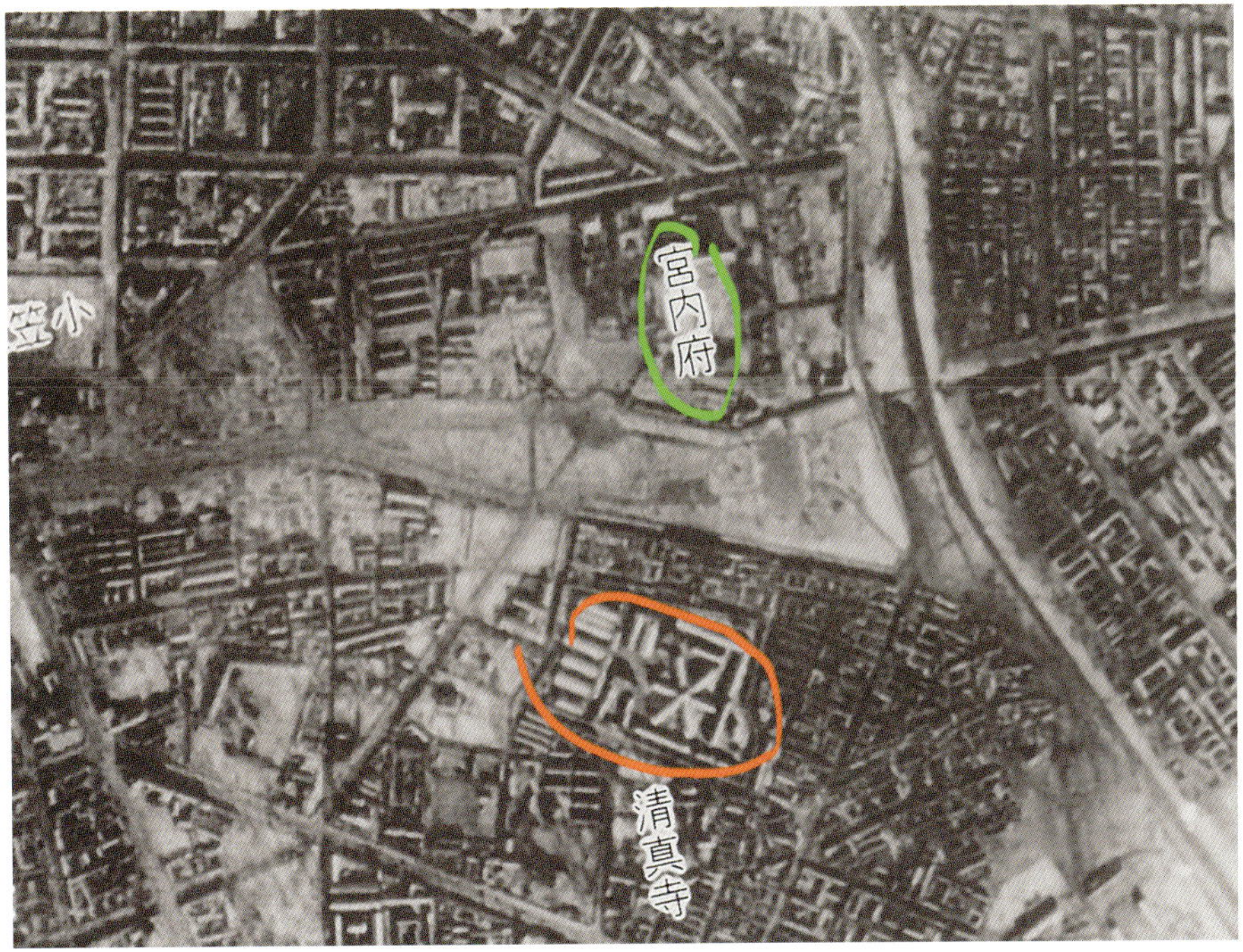

（国書刊行会：「さらば 新京」中の「新京市航空写真：1942年４月、高度3000㍍」より）

円の、馬蹄形、つまりはパチンコ台のような形状で面積五十ヘクタールほどの区域を宮廷府御造営地と定めて、そこに新宮廷府の建設を計画・推進したのだった。そして、この宮廷府御造営地を中心として、その直南の順天大街（現新民大街）の東西両側などには国務院を始めとする主要官庁を配置し、また、御造営地の西北端に隣接して、外交部、国務総理大臣公邸、総務長官公邸などを配置して、順次これらの建築を推し進めていったのだった。

だが、一九四一（昭和十六）年十二月八日、満洲国から数千キロも離れたハワイやマレー半島、フィリッピンなどで、盟邦日本によって開始された太平洋戦争は、直ちに満洲国にも重大影響を及ぼし、宮廷府御造営地にあっての新宮廷府の建築計画は、時局柄、中断の止むなきに至ったのである。この結果、愛新覚羅溥儀は、一九三二（昭和七）年三月以降、執政として二年、皇帝として十一年半、計十三年半の公私に亘る生活を、この仮寓所で過ごさざるを得ないこととなったのだった。

宮廷府の構成とそこでの皇帝溥儀と皇后婉容

現在、「皇宮博物院」とされている旧満洲国宮廷府——満洲国皇帝愛新覚羅溥儀の仮寓所——は、当初から存していた「緝熙楼」と「勤民楼」、そして、後に建設された「同徳殿」の三つの建物から構成されていた。このうちの緝熙楼と同徳殿は、主として皇帝溥儀と皇后婉容とが、主に、その私的な日常を過ごす住居とされていた。だが、敷地の東側に存し、一九三八（昭和十三）年に新たに完工された比較的大きな同徳殿にあっては、溥儀が、関東軍による盗聴を恐れて、これを

長春門を入って直ぐの緝熙楼（プライベート用）

緝熙楼内の溥儀の書斎・居間

天津時代の溥儀と婉容

宮廷府にあって阿片中毒だった婉容

使用することはなかったと言われている（映画「ラストエンペラー」のロケにも使われたが、現在はもっぱら歴史的諸資料の展示等に充てられている）。

従って、事柄を単純化して言えば、溥儀と婉容の私的な日常生活は、敷地西側前面に存する緝熙楼において、また、皇帝溥儀の公務に関する執務は、同じく敷地西側後面に存する勤民楼において、それぞれ行われていたのである。そして、さらに事柄を単純化して言えば、緝熙楼での私生活面にあっては、皇后婉容が強度の阿片中毒症で、そんなこともあって夫妻二人の間の日常の意思疎通もほとんどなかったし、また、勤民楼での公務執務にあたっては、関東軍司令部派遣の吉岡安直参謀中将が、満洲国皇帝御用掛として常時溥儀の身辺に侍していたため、溥儀からすれば、著しく自由度を欠くところのものだった。

だが、たとえいかに必ずしも充分その意に沿うものではなかったにせよ、一九四五（昭和二十）年八月九日に開始されたソ連軍満洲一斉侵攻は、皇帝溥儀の、この仮寓所における、このようなそれなりに安穏な公私に亘る日常生活をも、文字通り一挙に暗転させてしまうところのものだった。

公務に充てられていた勤民楼の旧況と現況

（国書刊行会：「さらば 新京」より）

現在の勤民楼およびその内部の展示
右：皇帝溥儀と御用掛吉岡安直（関東軍参謀中将）
下：勤民楼の会議室

現在の同徳殿とその中の展示
右上：紫禁城にての大清国第12代皇帝溥儀
右下：撫順戦犯管理所にて再教育中の溥儀

新京市航空写真中の各建築物等の所在

　1：児玉公園、2：関東軍司令部、3：関東軍司令官公邸、
　4：関東局・関東憲兵隊司令部、5：満洲中央銀行、
　6：満洲電信電話、7：首都警察庁、8：満洲国協和会中央本部

（国書刊行会：「さらば 新京」中の「新京市航空写真：1942年4月、高度3000メートル」より）

（三）旧大同大街と旧大同広場の近辺にて

国都新京の中軸部

前述（120頁）の新京国都建設計画を一瞥すると、同計画圏の北方に位置する新京駅を起点として十数キロにわたって真南に一直線に伸びる基幹道路、大同大街（現人民大街）と、新京駅から、二キロ半ほど、その大同大街を下った所にある、パリのエトワール広場にも似た、直径二百メートルほどの大同広場（現人民広場）が目に付く。たしかに、旧来からの満鉄附属地や新設の大同広場を含めた、新京駅の直南三キロほどに亘る大同大街の、それぞれ、東と西に広がる周辺地は、国都新京の一大中心街区を形づくっていた（現在も形づくっている）。

旧児玉公園

新京駅前広場から大同大街を一キロほど南下したその西側に、東京の日比谷公園の優に二倍以上の広さの、緑に覆われた広々とした旧児玉公園が、現在も、終戦前と変わらぬ規模と形で（敢えて言えば公園内の樹々の緑が数段に色濃くなって）、現在は勝利公園として、存している。当初、この公園は、西公園とよばれていたのだが、その後、日露戦争時の満洲軍総参謀長児玉源太郎大将に因んで、公園の入口には同大将の乗馬像がおかれ、「児玉公園」と改名されて、繁華街にある最も身近な公園として新京市民に親しまれていたのだった。

　とりわけ冬ともなると、公園の中央部にある池が、広々とした天然のスケートリンクに早変わりして、大人も子供も、男子も女子も、皆が皆、スピード、フィギュア、ホッケーなど、それぞれのスケート遊びに興じるのだった。児玉公園の近くには、敷島高等女学校などが所在していて、同高女のお嬢様たちが、当時の日本内地では到底見ること能わぬ、氷上での、優雅なフィギュア・スケーティングなどをも、ご披露してくれたりもしていたのだった。

　また、新京などでは、大陸性気候のために冬の来去が早いので、毎年、二月十一日の紀元節頃ともなると、氷が割れる危険性のため公園の池上でのスケートが禁止になるのだが、逆にまた、児玉公園のスケートが禁止になったと聞くと、それはそれで、春近しとの思いをあらたにするのだった。ただし、氷割れによる水中死などの恐れの全くない、近所の学校の校庭や、外交部などのオフィスの空き地に作られたリンクにあっては、二月いっぱいから三月の初めにかけてまで、スケートを楽しむことが出来たのだった。

旧児玉公園の三態様

１：入口の児玉源太郎大将像

２：冬期の市民の湖上スケート遊び

３：敷島高女生の湖上フィギュアスケーティング

（戦後長春から引揚げ愛知県スケート連盟を創立した小塚光彦のライカによる撮影のもの「満洲国協和会：協和運動、昭和16年12月号」より）

1

（国書刊行会：「さらば 新京」より）

3

2

樹々が鬱蒼と茂る勝利公園入口付近
　右端に旧児玉公園の入口の門柱がそのまま見える

旧関東軍司令部と旧関東軍司令官公邸

児玉公園から南に一路隔たった、同公園よりやや小ぶりな敷地は、関東軍用、具体的には、関東軍司令部（現中国共産党吉林省委員会）と関東軍司令官公邸（現松苑賓館）とに充てられていた。関東軍司令部は、一九一九（大正八）年の関東軍の創設以来、関東州の旅順の地に置かれていたのだったが、満洲国建国後の一九三四（昭和九）年、国都新京のこの地に移転してきた（児玉公園のそれにも近い敷地の広さからしても、満洲国における関東軍の権勢振りがうかがえる）。

関東軍司令部を一見して驚くのは、その、あまりと言えばあまりにも、日本の「お城」にも似たデザインである。これは、一九三〇年代に日本の建築界ではやった和洋折衷的「帝冠様式」によるもので、現在のわが日本でも、愛知県庁、九段会館（旧軍人会館）、神奈川県庁などにこれをうかがうことが出来る。だが、これらと比較対照してみても、見れば見るほどに（シロウト目からかも知れないが）、在新京の関東軍司令部が、帝冠様式の極致のごとく思えてくるのだ。

それにしても、往時その兵力七五万、精強ぶりを誇って「皇軍の華《はな》」とまで歌われたものの、ソ連軍満洲一斉侵攻に際して敢えなく敗れ去り、その殆どがシベリア抑留となった関東軍の来し方を知れば知るほどに、この帝冠様式の関東軍司令部に接する度に、なんとなき虚しさがこみ上げてくるのを禁じ得ないのだ。

そして、この虚しさは、関東軍用敷地の西北端に位置する、旧関東軍司令官公邸にあっても、通底するところのものなのだ。緑濃き樹々のなか、玄関前が小広場になっていていささかメルヘンチックな、関東軍司令官公邸といういかめしい役どころよりは、現在の松苑賓館の一部の方がより相応しいと

旧関東軍司令部（右）と現中国共産党吉林省委員会（左）

言った感さえするこの建物は、大日本帝国陸軍を代表するが如き赫々たる経歴の三将軍、植田謙吉、梅津美治郎、山田乙三が、その住まいとしていたところのものだった。

その最初の住人、勲一等旭日大綬章に輝く植田謙吉大将は、一九三九年の春から夏にかけての「ノモンハン事件」の責任を問われて、同年九月、退役の止むなきに至ったのだった。その後任として関東軍司令官に任命された、陸軍大学校首席卒業、恩賜の軍刀拝受組で、日本陸軍きっての英才とうたわれた梅津美治郎は、実に五年近くの歳月をこの館に過ごし、一九四四（昭和十九）年七月の東條内閣崩壊時に、（大本営）陸軍参謀総長として、五年ぶりに新京から東京へと赴任していった。その後任としては、陸軍三長官の一翼、陸軍教育総監の山田乙三が任命されて、結局、彼が、この館の最後の住人となったのだった。

山田乙三大将が新京に着任して以来一年余ほどの時が進んだ一九四五（昭和二十）年九月二日のこと、アメリカ海軍の戦艦ミズーリ上にて、日本国政府を代表しての外務大臣重光葵とともに、日本国軍大本営を代表しての陸軍参謀総長梅津美治郎が、降伏文書への調印を行った（219頁）。この時点にあって、関東軍総司令官山田乙三は、隷下の関東軍七十万将兵とともにソ連軍に降伏し、シベリア抑留の身となった。

戦後の三人の人生模様としては、植田謙吉は、公職追放解除後、旧軍人関係の団体長などをつとめ、米寿近くまで生きた。梅津美治郎は、A級戦犯として極東国際軍事裁判において終身禁固刑の判決を受け、服役中、一九四九（昭和二四）年、直腸癌のため六七歳で死去した。山田乙三は、一九五六（昭和三一）年、十年超のシベリア抑留生活より帰国し、一九六五（昭和四十）年、八三歳にしてその生涯を閉じた。

旧関東軍司令官公邸（現松苑賓館）
右上が旧況、左下が現況

関東軍司令官公邸の三住人

１：植田謙吉陸軍大将（1875-1962）、２：梅津美治郎陸軍大将（1882-1949）、３：山田乙三陸軍大将（1881-1965）

旧関東局・関東憲兵隊司令部

帝冠様式でその偉容をほこる関東軍司令部の、広い大同大街で隔てられたその東側には、敷地はそう広くはないものの、建物自体はしっかりとしていて、現在は吉林省人民政府が使用している、実務的とも言える、旧関東局・関東憲兵隊司令部合同庁舎が存している（なお、昭和十六年当時の「新京市街地図」にあって、このビルは、単に「関東局」とのみ表示されていた）。

関東局は、一九三二（昭和七）年三月の満洲国の成立に伴い、一九三四（昭和九）年十二月、満洲国における日本国の諸権益を代表・保護・行使し、あわせて租借地関東州をも統治するべく、従来の関東庁に変わって新京の地に設けられた日本国の行政機関。この設置に伴って関東庁は廃止された。なお、関東局長官は、満洲国駐劄日本国大使を兼任する関東軍司令官がこれにあたったが、関東局の諸般の業務につき、武官の長官を補佐するため、文官の関東局総長職が置かれた（主として内務省官僚出身者がこれにあたった）。また、日本の租借地である関東州内の地方行政を直接担当するため、旅順には、関東庁に代わって、関東局の下部機関としての関東州庁が置かれた。

つぎに、このビルに、上述の関東局と同居していた関東憲兵隊司令部であるが、ここではむしろ、その司令部である、「関東憲兵隊」そのものについて述べておこう。関東憲兵隊は、往々にして、「関東軍憲兵隊」などと誤解・誤記される向きもあるのだが、一応関東軍司令官の統制下にもあって関東軍と密接な協力関係があったにせよ、関東軍とは別組織で、在東京の憲兵司令官（従って陸軍大臣）の指揮命令系統に属していた（帝冠様式の関東軍司令部の建物中に存せず、

旧関東局・関東憲兵隊司令部と現吉林省人民政府

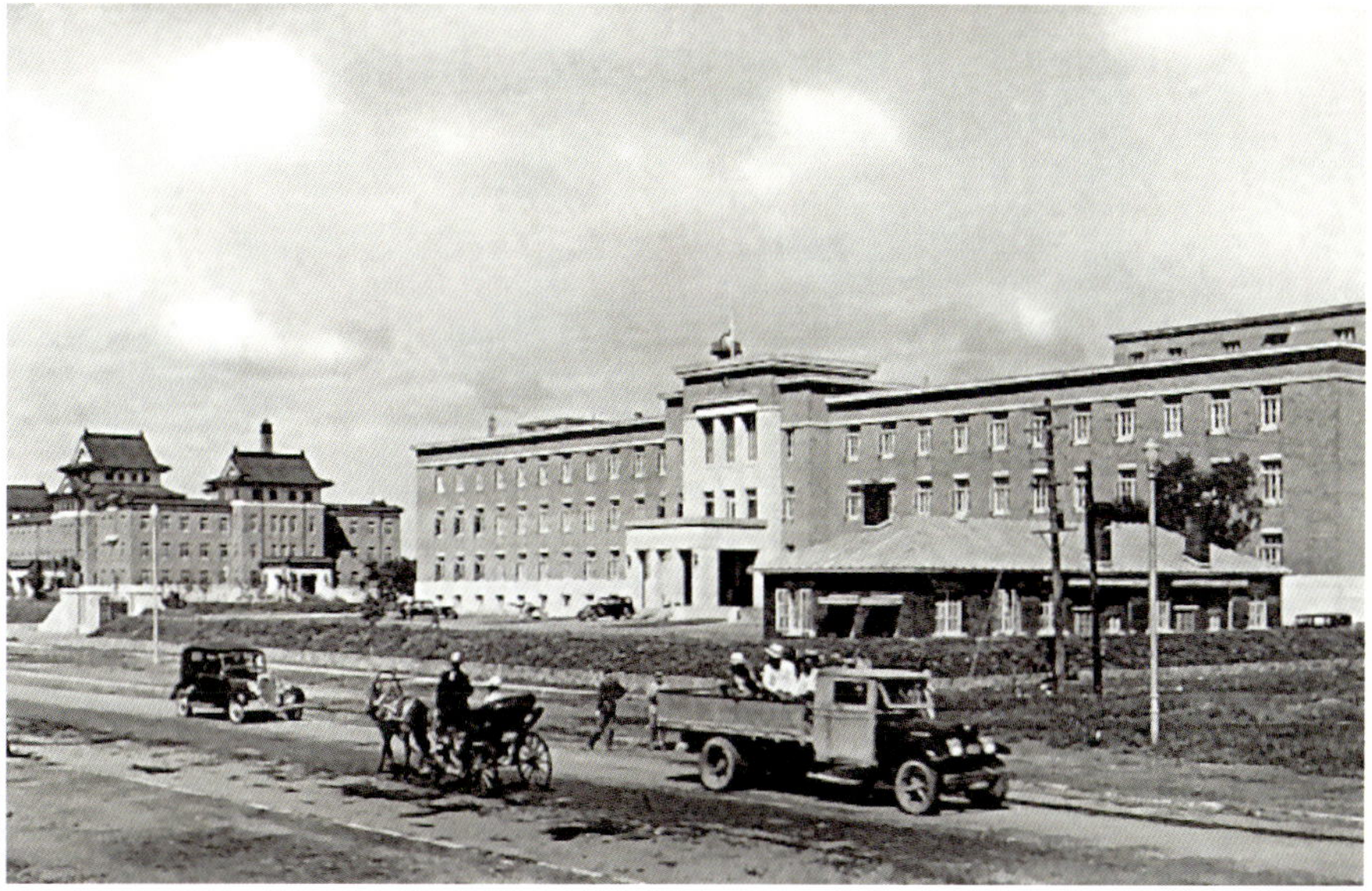

日本国政府の機関である「関東局」と同居していたのが、その証左でもある）。実際、満洲国にあって、関東憲兵隊は、新京以下二十二の都市在の憲兵隊（分隊）に三千名ほどの憲兵が所属しつつ、「警察権」を行使して、とかく実力不足の満洲国警察（満警）を補完し、主導して、匪賊対策や各地の前歴者を含む不穏分子の監視・防諜・治安などの任にあたっていたのだった。

なお、関東憲兵隊の、満洲国における治安維持のためのこの「警察権」の行使は、昭和七年九月十五日調印・発効の日満議定書及び同往復書簡によって、日本本土における憲兵條例によるものと同じく担保されていた。なお、在東京の憲兵司令官配下の憲兵司令部本部にあって、本部長以下、第二課が特高業務を、第三課が防諜・外事・検閲業務をそれぞれ担当しており、治安維持法違反などの左翼活動歴のある者などの渡満にあたっては、在東京の憲兵司令部本部から在新京の関東憲兵隊司令部を通じて、満洲での行き先の関東憲兵隊分隊に、要注意人物として回状をまわしたりもしていたのだった。

また、有名な興農合作社・満鉄調査部事件などにあっては、この関東憲兵隊司令部において、統一的な検挙者の訊問取調・調書作成などが行われた。

旧大同広場の周辺にて

長春が国都新京とされて以来、新京市街地の中心となり、そして現在の長春にあっても長春市街地の中心であり続けている、直径が二百メートルに及ぶ旧大同広場（現人民広場）。この大同広場が出来たての際に、その六角形の外周部分が、広場に放射状に集まる道路によってほぼ六等分された六つの敷地となって、その各々が重要建物の建築に充てられることとなり、まず外周の西側半分から、満洲中央銀行、満洲電信電話株式会社、首都警察庁など、新京の近代市民生活に不可欠な建物が建てられていった。

これらの建物が建てられた頃は、広場のこちら側から反対の向こう側の建物が見通せたものだが、現在では、広場内や縁辺に樹々が鬱蒼と生い茂って、広場外周に存する折角の由緒ある建築物の全体像を眺め見ることが、難しくなってしまっている程である。

旧満洲中央銀行

新京駅から大同大街を南下し、大同広場にさしかかって直ぐの西側外周に存していて、正面にギリシャ風の円柱が立ち並ぶ壮麗な建物が、旧満洲中央銀行（現中国人民銀行吉林省支店）である。満洲国にあって、満洲中央銀行は、「満銀」（または「中銀」）と略称され、日本における日本銀行（「日銀」）と同様に、「（日本）円」（日銀券）と等価の「（満洲）円」（満銀券）を発行していた。

一九四五（昭和二十）年八月下旬以降、逐次満洲各地に進駐してきたソ連軍は、「（軍票）円」を発行して、「満銀券」と等価なものとして強制通用させ、ソ連兵達の市場での支払いに充てさせていたが、翌年春のソ連軍満洲一斉撤収に伴って、「（軍票）円」の通貨としての価値は、急速に失われていった。

これに対して「満銀券」は、満洲国崩壊後も、満洲にあって（他に頼るべき通貨の不存在故に）唯一の credible な支払い手段として機能し続けた。

そして、満洲からの日本内地への邦人の引揚に際しては、

旧満洲中央銀行（上）
現中国人民銀行吉林省支店（下）

日本の港への上陸時に、持参「満銀券」一人上限千円につき、等額の当時の日本通貨円への交換が認められたのだった。

旧満洲電信電話株式会社

先に、帝冠様式で威風辺りを払う関東軍司令部と対比して、大同大街を隔てた東隣の関東局・関東憲兵隊司令部の建物を、実務的と評したが、大同広場西側外周の中央部、満洲中央銀行の南隣には、同じく実務的とも言える旧満洲電信電話株式会社（現吉林省通信公司長春市分公司）が建っている。敷地一杯、五階建てのこの巨大な実務的ビルは、満洲国の建国以来、関東州を含む満洲大陸中に急速に張り巡らされた有線・無線網、そして放送網の総元締めであった。

なお、この満洲大陸放送網の一環として、このビルの中には、新京中央放送局（コールサイン、ＭＴＣＹ）が存しており、かの森繁久弥も、ＮＨＫ採用アナウンサーとなって満洲に派遣され、ここにアナウンサーとして勤務していたのだった。

ただし、前述の様に、生い茂る樹々のため、現在はこのビルの全容を眺め渡すのは、やや困難となっている。

旧満洲電電（上）
現吉林省通信公司長春分公司（下）

旧満洲国首都警察庁

国都新京の都市開発の開始当初の頃のものらしい次頁右上の一枚の写真。私は、この写真の、中央の塔が高く伸びつつ独り佇む異形とも思われる建物を見つつも、その正確な所在とその使用目的とが、長らく分からず仕舞いだった。だが、何度かの長春の往訪のなかで、その所在が、大同広場西側外周ではないかと思うようになり、結局これが、実務的な満洲電電ビルの南の敷地に建つ、旧満洲国首都警察庁（現長春市保安局）に相違ないとの結論となったのだった。このように結論がやや遅くなったのは、このビルの異形の感の原因でもあるビル中央の鶴首塔が、何故か、現況の如くに、中途で短縮化されていたからでもあった。

だが、いま改めて「中央の塔が高く伸びつつ独り佇んでいるこの建物の写真」と、「背後に現代的な高層ビルが立ち並ぶ周辺を含めた現況のそれの写真」とを旧・新対比してみると、この建物が、いかにも長春（新京）の今昔物語の典型例である如く思えてくるのだ。

旧首都警察庁と現長春市保安局

DEPARTMENTS OF JUSTICE AND
FOREIGN AFFAIRS, HSINKING.
部交外と部法司（京新）

旧満洲国協和会中央本部

大同大街は、大同広場を周回してまたもとの南下直線道路となるのだが、その取っつきの所の大街に面した東側に、旧満洲国協和会中央本部が存している。満洲国協和会は、満洲国建国後の昭和七年七月、当時の満洲国執政溥儀を名誉総裁、鄭孝胥国務総理大臣を会長として設立された。協和会は、多民族国家の満洲国にあって、「民族協和」を旗印として、満洲国全土の各省に当該省本部、省の下の各県に当該県本部、さらにその下に分会を置き、各年定例的に、段階ごとの聯合協議会を開催するなどしていた、満洲国における唯一の民意吸収機関であった。

この協和会中央本部の瀟洒な建物は、一九四五（昭和二十）年八月のソ連軍の長春進駐時に、鎌と槌とのソ連国旗が掲揚されてソ連軍長春占領軍司令部となって以来、映画館、レストラン、オフィスなど、種々の用途に充てられてきていたが、現在は、それらの用途も無くなってか、「空き家」の状態で、荒れるがままに放置されている。

旧満洲国協和会中央本部

1：旧威陽路側のエントランスより、2：旧大同大街側エントランスより、3：2000年時の旧協和会中央本部、4：2015年時の旧協和会中央本部

（四）旧興亜街近辺

――旧外交部、総理大臣公邸、そして、閑静な住宅街が併存

旧満洲国外交部と総理大臣公邸

大同広場の西方二キロ弱のところは、広い南面前方後円形の宮廷府御造営地の半円形北方端にあたっていた。そして、その半円形の北方端の、西北肩の辺りに、御造営地の西側の西萬寿街（現西民主大街）と、北東から南西に斜めに走る電車通りの興亜街（現建設街）に挟まれる形で、満洲国外交部、国務総理大臣公邸、国務院総務長官公邸などが存していた。

このうちの張景恵国務総理大臣公邸は、その敷地とともに、旧態のまま現存している。

旧興亜街近辺地図

1　赤点：外務部、黄点：靴磨き場所、橙点：国務総理大臣公邸、緑点：松岡宅、青点：桜木在満国民学校

2　やや左上の緑×印は、大慶路からの興亜胡同入口で、下の緑×印まで、200メートルにわたって両側に協和会住宅

（国書刊行会：「さらば 新京」中の「新京市航空写真：1942年４月、高度3000メートル」より）

張景恵国務総理大臣公邸の旧況と現況

他方、総理大臣公邸の北側に位置する次頁のフランス風の瀟洒な外交部であるが、この建物は、終戦後、ソ連軍長春占領部隊の占拠するところとなり、いつも多数のソ連軍将兵が、人通りも多く電車も走る興亜街（現建設街）に向けて出入りしていた。そして、思えば終戦後のこと、当時小学五年だった私は、外交部から道路で隔てたこちら側で、ソ連兵相手に、靴磨きとシガレットハラショーと声をあげての煙草売りに精を出していたのだった（勿論、その支払いは、ソ連軍発行の「軍票（円）」であった）。

その外交部の建物も、二十世紀末の時点で解体作業が進められ、その跡所に、現在では、外形的には嘗ての外交部を模したシックな建物が建てられて、高級レストランに充てられている。また、外交部の敷地の裏手は、嘗ては広い空き地となっていて、冬ともなると結構な広さのスケートリンクとなって、私を含めて大勢の人がスケートに集まっていたが、現在は、何十階か建ての住居ビルが建てられて、昔日の面影は全く失われてしまっている。

興亜街に斜面するフランス風の旧外交部と
2000年頃解体・再建された建物

閑静な住宅街が今や住宅密集地に

私の四年に亘る新京生活は、前述の外交部や国務総理大臣公邸などから興亜街（現建設街）を隔てての西に、興亜街と並行して伸びる興亜胡同（現建設胡同）に面して数十戸建てられた協和会住宅暮らしでもあった。この辺り一帯は、新京国都建設計画にあって、満鉄の南満本線沿いに設けられた全くの新開地で、広い道路で区画され、協和会住宅始め、満鉄社宅その他民間関係機関の社宅・住宅が建ち並ぶ、まことにもって閑静な住宅地が広がっていたのだった。

十数年前のこと、老境にさしかかった私は、一方で、年とともにつのる懐旧の念に駆られて何とか長春再訪を果たしてわが旧住地あとに佇みたいとは思いつつも、他方、人づてに長春（新京）の大いなる変貌振りを耳にするに付け、いまさらそこに辿り着ける訳ではあるまいに、などなどと、あれやこれや思案逡巡を続けていたのだった。

だが、この間に、「新京市街地図」（昭和十六年）や「新京市航空写真」（昭和十七年）などを入手し得て、これらの資料の精査を重ねているうちに、おそらく道路づけそのものは変わっていないだろうとの希望的想定の下に、あるとき、思い切って長春訪問団体旅行に参加したのだった。

だが、いかに地図等で予習を重ねたとは言うものの、いざ実際に、なつかしの長春とその中でのわが旧宅地の近辺にきてみると、半世紀を遥かに超えて往時の古き面影など何処にも見当たらない、街並みと行き交う車や人々に、最初私は、浦島太郎の如くに戸惑うばかりであった。

そこで私は、家からほど遠からぬ、終戦後すぐに私が、ソ連兵相手の靴磨き・煙草売りをやっていた、外交部前の興亜街とそれに直角に交わる大慶路（現普慶路）の交差点角を、わが旧宅地探索の基点とすることとして、まずは嘗て住宅街大通りだった大慶路のブラブラ歩きを始めたのだった。

　往時、人通りもなくいつも閑散広々としていた大慶路は、いまは普慶路と名付けられ、多くの人々が行き交い、高級車は言うに及ばず、驢馬《ろば》車までもが動いていた。そして、結構広い歩道敷きは、果物、野菜、食べ物売りなどで、たくましい生活感あふれる空間となっていて、挙げ句、これも地域社会の一環か、路上で麻雀卓を囲む人々も（そして見物衆までも）おられる有様。こうした中国的賑わいの中に身を置くのも、決して嫌いではないのだが、差し当たっての優先課題は、わが旧宅地探索とあって、まずは東京から持参した「新京市街地図（昭和16年）」を頼りに、興亜街（現建設街）から百《メートル》ばかり離れて興亜街と並行に（従って大慶路とは直角に）走る、興亜胡同を見付けるのが、先決だった。興亜胡同こそ、大慶路から二百《メートル》にわたって道路の両側に協和会住宅が建ち並んでいて、私が、新京＝長春にあって、まる四年間に亘って、歩き回り、走り回り、遊び回っていた、その道路であった。

　そうこうしているうちに、ブラブラ歩きの大慶路で、直角に交わる道に「建設胡同」とある道路標識を見つけ、「興亜街＝建設街」なら「建設胡同＝興亜胡同」に相違ないと理解して、この道を南西方向に辿りはじめることとした。

　その道路に入った途端に、昔と違っての道幅の狭さを感じたのだったが、これは、少年時との対物感覚の差のほかに、せっかく広かった歩道敷が殆どなくなって、道路敷近くにまで、四階建て、五階建てのアパート群が、押し寄せてきてい

すっかり変貌した大慶路（現普慶路）

① 興亜街から大慶路に入ったところ、② 驢馬車まで現役で活躍、③ 歩道敷をうめる物売り、④ 路上麻雀まで登場

るからでもあった。

かくして、右に左に、嘗ての住宅とその住人とを思い浮かべつつの感傷歩行にあって、大慶路から百五十メートルのあたりに、わが旧宅地、忘れもしない「新京特別市興亜胡同二〇五」をば、ピンポイントで探し当てることが出来たのだった。

そこは、嘗ての歩道部分がなくなっているだけでなく、敷地内の広い庭だったたところにアパート群が建ち、逆に我が家そのものが建っていたところが、空き地になっているという全くの変わりよう。だが、如何に変わってしまったとはいっても、その場所そのものは、たしかにわが命たるべき回想の宝庫だった。

少年時代にいつも踏みしめていた、まごう事なきその地面に再び佇み、目を閉じた私には、思えばわが生涯で最良の、数年間の人並みの家族生活の種々相がありありと浮かんできて、今はなき家族の一人一人が、私に話しかけてくるのだった。

それとともに、敗戦直後の昭和二十年九月末のこと、逮捕、致死傷、襲撃、掠奪、強姦など何でもあり、そして満洲奥地からの疲労困憊の極、着の身着の儘の日本人難民の流入が続く長春で、子供ながらの生計費稼ぎ——前述の外交部前でのソ連兵相手の靴磨き・タバコ・ひまわりの種売りなど——から我が家に帰ったばかりの私の目に映じた、それが永遠の別れとなった、三人のソ連官憲に連行されていく父、二十世の姿も、そこにはあった。

そして、事後考察的には、この時のこのような実体験こそが、のちのちの私の満洲探究と、東シベリアでの親父探索の原動力ともなっていったのだった。

両側に協和会住宅が存していた旧興亜胡同
現建設胡同で、旧大慶路（現普慶路）から入ったところ

興亜胡同・協和会住宅の中間地点
前方右に白い車が駐車しているところが、旧松岡宅

旧松岡宅跡（新京特別市興亜胡同二〇五番地）

（五）桜木在満国民学校

——在満少国民教育の場から中国英才青少年教育の場へ

我ら在満少国民

新京桜木小学校は、居住人口の急増が予想された、新宮廷府の近くで外交部や国務総理大臣公邸の存する興亜街近辺の新市街地の子弟のために、一九三六（昭和十一）年四月、関東軍司令部の近辺在の白菊小学校から分校して開校された。そして、一九四一（昭和十六）年四月の学制改革で、在満洲の全ての日本の小学校同様、我ら在満少国民のための桜木在満国民学校となり、私自身も、在満少国民の一人として、昭和十七年夏から同二十年夏まで、この学校に通っていた。

桜木在満国民学校の在校生は、殆ど全て、新京在の日本人家庭の子弟で、学年ごとに日本内地と同じ教科書が用いられた。それとともに、中国語の時間もあり、気候風土が全く異なる満洲事情や満洲情緒にも配意した副読本も用いられ、音楽の時間などでは、同じ様に、満洲を題材とした唱歌なども多く歌われた。歌い出しが、「漲《みなぎ》る力だ　満洲の　大地とともに　生きるのだ」となっている在満少国民歌も、そのような歌の一つであった。

このような新京桜木在満国民学校は、一九四五（昭和二十）年八月九日のソ連軍満洲一斉侵攻開始の一両日後には、はやくも、在満洲の全ての在満国民学校同様、「学校としての存在」を、事実上停止したのだった（これに対して日本内地にあって、国民学校は、一九四一（昭和十六）年四月始めから、旧学制が新学制にきり変わった一九四七（昭和二二）年三月末まで、丁度六年間存続した）。

清和街（旧・現）に面した新京市桜木小学校校門
昭和16年４月より桜木在満国民学校に

（「新京桜木小学校写真集」より）

桜木在満国民学校校庭での我ら在満少国民と筆者の身分証明書写真（1944年頃）

「漲る力だ　満洲の　大地とともに　生きるのだ」（在満少国民歌）

（「新京桜木小学校写真集」より）

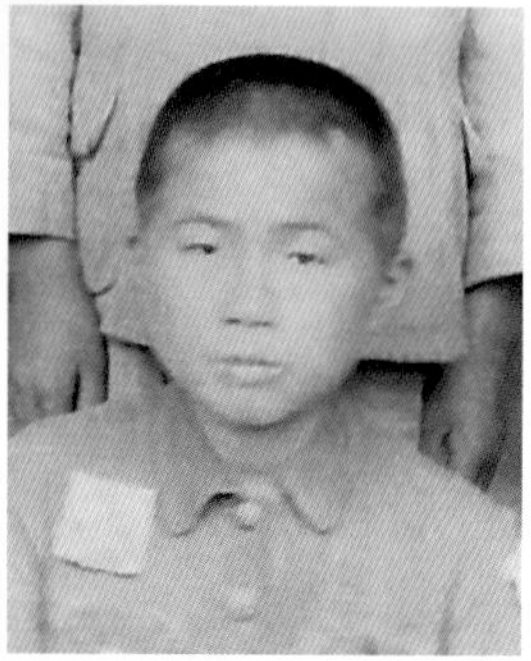

英才教育のため急速な設備改善が進む長春市第二中学校

戦後の長春にあって、桜木在満国民学校の建物そのものは、長らくそのままの形で、長春第二中学校の校舎として活用されてきていた。そして、二十世紀の末頃からか、校舎を始め校庭を含む学校施設に大規模の改修・改善が行われてきて、現在では、学校校舎は六階建て、校庭はサッカーグラウンドや数面のバスケット・コートそしてアンツーカートラックなどを備えた、吉林省における高中教育模範校として、英才教育にあたる人民満意学校の役割を果たしている。

英才教育を目指す長春市第二中学校

1：校門の位置が旧清和街から旧元寿路に

2：昔と同じ校庭で実技の訓練

3：校庭から見上げる六階建て校舎

（六）満洲国の「霞ヶ関」になる筈だった旧順天大街附近

順天大街＝霞ヶ関

新京国都建設計画圏のほぼ中央に位置しつつも、結局は未完に終わってしまった広い南面前方後円敷地の新宮廷府。その新宮廷府の南端中央部あたりから、東西に延びる旧興仁大路（現解放大路）で隔てられて、南北真っ直ぐに、二キロほどの旧順天大街（現新民大街）が通っている。周囲が緑地や公園に恵まれたこの大街に、西面あるいは東面して、多くの満洲国官庁の建物が建てられていて、それはあたかも、わが日本国の霞ヶ関の、満洲国版の如くであった。

そして、これらの建物群は、生い茂る樹々のなか、四分の三世紀を超えてもなお、往時の姿を、ほとんどそのまま、今に伝えてくれている。

旧順天大街での各官庁の在所

1：国務院、2：司法部、3：経済部、4：交通部、5：綜合法衙

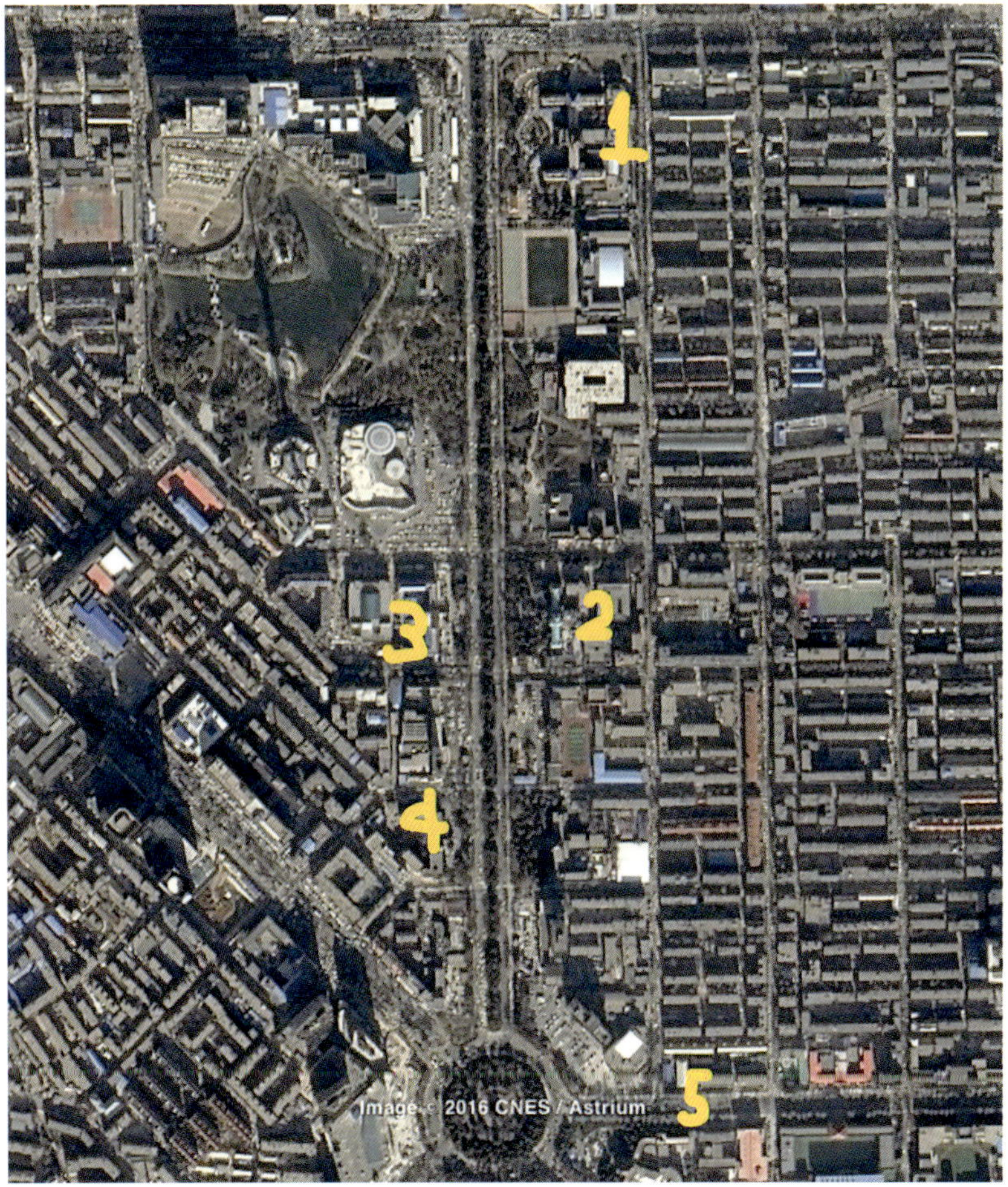

（「Google Earth：2017」より）

国務院、司法部、経済部、交通部など

その中でも、際立って目に付くのが、興仁大路と順天大街のかど、順天大街に西面して建てられている壮大な旧国務院。ここには、満洲国行政組織の指令塔の総務庁などが所在し、張景恵国務総理大臣も、ここで執務していたのだった。

国務院の旧況と現況

国務院のエントランスから二階へと至る大理石階段

　他方、順天大街に西面する国務院の裏（東）側と大同大街との間の一キロ余のあたり一帯には、この近辺に所在する官庁に勤務する満洲国官僚のための第一政府代用官舎を始め、多くの関係機関の社宅・住宅などが建てられていた。だが、これらの地域は、現在では、道路づけは昔のままながら、殆ど全て、数階建てのアパートが密集する住宅街になってしまっている。

国務院東側の第一政府代用官舎群と同一場所の現況

（国書刊行会：「さらば 新京」より）

かつての順天公園などを挟んで、国務院の南に、同じく順天大街に西面して、次頁のやや小ぶりながらもすっきりとした旧満洲国司法部（現吉林大学）がある。満洲国の建国以来、「国造り」は、他面、「法令作り」でもあったから、行政官のみならず、裁判官や検察官を含めた多くの司法官が日本内地から来満して、この司法部で新国家の法令作りに勤しみ、それなりの法治国家の建設に努めたのだった。

この満洲国司法部の、順天大街を隔てた真向かいには、岸信介などが関わった満洲産業開発五ヶ年計画を立案した旧満洲国経済部が、これまた昔のままの姿で、現存している。また、その経済部から南にワンブロックおいて、順天大街に東面して建っている旧満洲国交通部などは、建物そのものはもとよりとして、その出入り門に至るまで、往時と全く変わらない外見のまま、佇んでいるのだ。これら「長春今昔そのまんま」さんたちは、昭和十年代以来の長春での変転する時の流れを、どのような感慨をもって見守ってきたであろうか。

司法部の旧況と現況

GRAND BUILDING OF MANCHOUKUO JUSTICE DEPARTMENT, HSINKING.

新民大街
XINMIN DAJIE
中国石油

今昔そのまんまの左の交通部と右の経済部の旧況と現況

（国書刊行会：「さらば 新京」より）

旧満洲国綜合法衙

南北に二キロほどの順天大街の南端には、旧安民広場（現新民広場）があって、その先は、広い人造湖の南湖公園となっているのだが、その安民広場に面して、おそらく一度見たら忘れられないような建物が建っている。この一風変わった建物は、満洲国法務の最後の砦、満洲国最高法院と新京高等法院、更に、満洲国最高検察庁と新京高等検察庁、とが所在する満洲国綜合法衙（現第四六一人民解放軍病院）であった。

太平洋戦争勃発直前に生起して、新京っ子たちの心胆を寒からしめた興農合作社・満鉄調査部事件にあっては、検挙者たちは、まずは前述の関東憲兵隊司令部（159頁）において留置・訊問・取調を受け、嫌疑濃厚者については調書作成の上、ここ満洲国綜合法衙内の新京高等検察庁に送致された。ついで、同庁における検察官取調の結果、起訴相当と認められた者たちが、同じくここ綜合法衙内の新京高等法院に起訴提起されて、そこでの裁判を受けたのだった。

検察官取調あるいは法廷裁判にあたっての送致者あるいは起訴者などの関係者達が、皇帝溥儀が在所した宮廷府のすぐ前の新京監獄未決監（139頁）に収容されていて、検察官取調あるいは法廷裁判に際して、新京監獄から綜合法衙へと通った事に関しては、前にも述べた通りである。

それにしても、興農合作社・満鉄調査部事件に関して、種々考究を重ねた私にとって、この満洲国綜合法衙は、関東憲兵隊司令部とともに、忘れることの出来ない建物である。

官庁街の最南端に位置する綜合法衙の旧況と現況

（七）国都建設計画圏の南部にて

――南湖の西には満洲映画協会、そして東には高等教育学園区域

新京国都建設計画圏の南部の中央には、大きな人造湖、南湖があって、その南湖の周囲は広い南湖公園となっている。その南湖公園の西方には、満洲映画協会の敷地があり、また、東方には、それこそ広々とした高等教育学園区域が存していた。

新京市街区最南部の南湖の、西には満洲映画協会が、東には大同学院が、在所していた

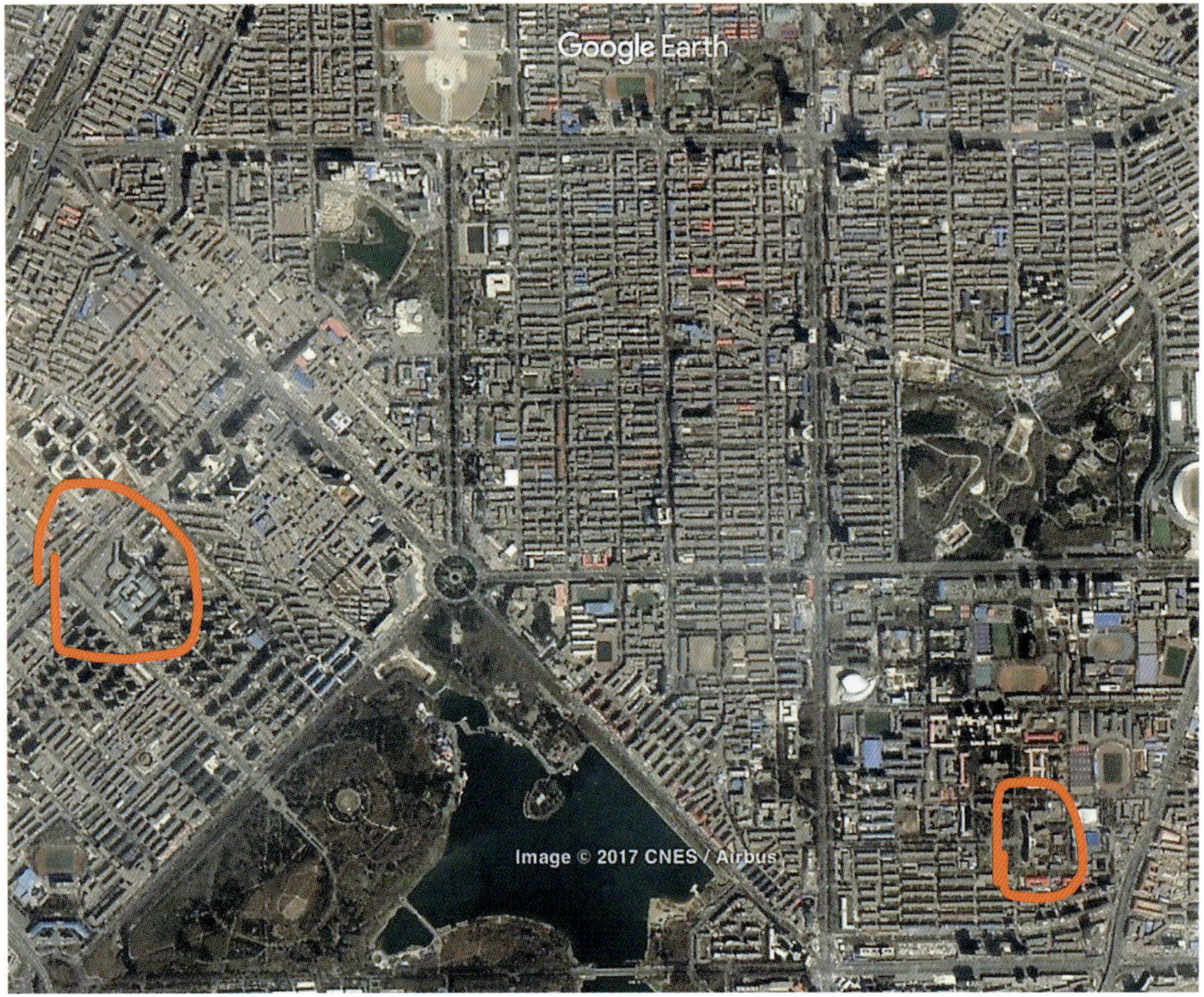

（「Google Earth：2017」より）

「満映」と甘粕正彦、そして、長影旧祉博物館

多少とも「満洲」に関する知識を有する人達ならば、甘粕正彦とか李香蘭（山口淑子）といった固有名詞を聞けば、すぐさま「満映」と略称された満洲映画協会を思い浮かべるであろう。

その「満映」が設立されたのは、一九三七（昭和十二）年七月七日の支那事変勃発の直後の同八月のこと。しかも、設立当初、そのスタジオは、その前々年にソ連から譲渡された、新京駅の北にある寛城子駅附属の廃用機関車庫であった。

満洲映画協会が、南湖の西にあって日比谷公園ほどの広い敷地に、東洋一と言われた撮影施設を整備した「映画の殿堂」の主人公として、白系ロシア人なども多く住む寛城子からこの地に引っ越してきたのは、その二年後の一九三九（昭和十四）年夏のこと。そして、その十一月には、満洲国建国の陰の功労者と言われた甘粕正彦を理事長に迎えて、やがて満映は、「満映の甘粕か、甘粕の満映か」と言われたほどの甘粕満映全盛時代を迎えたのだった。

新京駅前の新京ヤマトホテルに逗留して、満映に自動車通勤をしていた甘粕は、満映本部二階の理事長室から、しばしばエントランスの上のバルコニーに出てきては、職員の出勤風景など見渡していた由である。

その甘粕正彦は、ソ連満洲一斉侵攻ザバイカル軍団先遣隊が新京に到着し、満洲国協和会中央本部を接収してソ連軍長春占領部隊司令部とした一九四五（昭和二十）年八月十九日の翌日の同二十日早朝、この二階の理事長室にて、壁の黒板に「大ばくち　身ぐるみぬいで　すってんてん」という辞世の句を残して、青酸カリ服毒自殺を遂げた。

三階建ての旧満洲映画協会

右が協和服正装の甘粕正彦（満洲映画協会二階の理事長室にて）

満洲映画協会は、甘粕亡き後、組織体としては、東北電影として存続し、その後種々の経緯を経て、二〇〇〇年当時は、従前と同じ広さの屋外撮影施設等を有する映画スタジオ、長影集団、となっていた。

　その後、この長影集団も解散し、現在は、理事長室などを含む満洲映画協会本部の建物と前庭部分のみが保存・整備され、長影旧址博物館として一般の観覧に供されている。ただし、この博物館の「保存・整備・観覧」の客体は、あくまでその名の如く、「長影」であって、「長影」の原点であった「満映」なり、関連しての「甘粕正彦」の名前なりは、それこそまさに、知る人ぞ知る忘却の過去になって行きつつあるようだ。

旧満洲映画協会のエントランスにて（2000年当時）

長影旧址博物館

学園区域と旧大同学院

南湖公園の近く、大同大街の東側附近一帯は、広い新宮廷府が、それこそ四つ五つも入るほどの高等教育学園区域が広々と横たわり、そこには、新京医科大学、新京工業大学、新京法政大学などの校舎や予備校、寄宿寮などが立ち並んでいた。

中でも注目されるのが、この区域の中程に建つ、五族協和の理念に基づく王道楽土、満洲国の建設のための満洲国官吏養成機関、大同学院。この学院では、五族協和の理念に基づき、日本人のみならず、満洲族、漢族、朝鮮民族、モンゴル族などの学生が、文字通り寝食を共にしつつ、学んでいたのであった。一九三二（昭和七）年七月のその設立以降、一九四五（昭和二十）年八月の満洲国の消滅に至るまで、約四千人の卒業生を輩出していた。

大同学院の校舎そのものは、戦後相当期間、そのままの形で使用されていたが、最近に至って同一場所で、同じく高等教育に充てられていると思われる新しいデザインの校舎への建て替えが行われている。

往時の大同学院（満洲国高等官吏養成機関）

旧大同学院と同一場所に立つ新高等教育機関

（八）さらば今日的長春（長春駅北口から新幹線で瀋陽へ）

私は、今回で四、五度目となるわがふるさと長春再訪の旅を終え、これから新幹線で戦前・戦中には奉天として知られた遼寧省の省都、瀋陽に向かうべく、もっぱら新幹線乗降客専用の長春駅北口にいた。ここは、数日前に黒龍江省の省都ハルビンから新幹線でやって来て、最初は自分がどこにいるのかすっかり戸惑ったところだった。先刻ホテルを出て、真っ直ぐ北上してきた大同大街や大同広場周辺などのわがふるさと長春とも、いまはお別れの時だった。

長春駅新幹線乗車手順

まずは、長春駅北口の新幹線乗車券発売窓口で、行列の上、パスポートを提示して、瀋陽行き新幹線乗車券を入手。そして、飛行機搭乗にも似た、乗車券を見せながらの所持品検査ポイントがある。見送りの人達とはここでお別れ。お次は、長い長い上りエスカレーターで二階にあがって、広い待合室で、発車の定刻十五分ほど前の改札開始を待つ、といったプロセス。

改札後、乗車客達は、下りエスカレーターや階段で、二階から、列車が発着する一階の日本と同じ高床のプラットホームまで、降りていく。他方、到着列車からの降車客達は、一階の列車発着プラットホームから、下りエスカレーターや階段で、地下階の新幹線降客専用出口通路へ降りていき、出迎えの人達は、北口の降客専用通路出口で待てば良い、ということになる。

かくの如く、同じ長春駅にあっても、先ず第一に、新幹線と在来線は北口と南口とで完全分離。そして第二に、その新幹線北口にあっても、列車の発着は一階、乗客は二階、降客は地下階、というように完全分離という次第。

ついでをもって言えば、今回の満洲旅行は、市井の民情に触れたいという気持ちもあって、折角事前に列車旅行を計画したのだけれど、この新幹線と在来線、そして新幹線の乗客と降客との、完全分離システムのおかげで、満洲国時代に南満本線の「あじあ号」や「はと号」が行き来していた、昔懐かしい長春駅の大陸的在来線低床プラットホームには、とうとうお目にかからず仕舞いだった。

長春駅北口新幹線発券場

長い長いエスカレーターで二階待合室へ

広い待合室で改札を待つ

新幹線の広い待合室にて

二階の広い待合室で改札を待つ迄の間、改めて考えて見れば、現在、吉林省の省都である長春は、言うまでもなく、戦前・戦中の十三年半存続していた満洲国の国都、新京特別市。だが、戦後七十年余を経たその長春には、満洲新幹線を含めて、一見、当時の佇まいは殆ど残されていないが如くである。しかしながら、長春再訪を反覆してその細部を知るようになるほどに、長春の新相貌中に新京国都建設計画に盛られた国都新京の継受を知ることとなったのだった。

　このプロセスは、あたかも、アメリカの首府ワシントン滞在が長くなり、その街並みにより馴染んでいくにつれて、ピエール・ランファンの連邦都市建設計画をよく知ることとなったのと相似ていた。それは、よく言われる「温故知新」、すなわち、「故きを温《たず》ねて新しきを知る」だけではなくて、これに加えて、「温新知古」、すなわち、「新しきを温《たず》ねて故きを知る」と言うことでもあったのではないか。つまりは、真の「長春今昔物語」とは、長春についての、かくの如き「温故知新」と「温新知古」の相乗効果の結果ではないのか、などと思うに至っていた。

終章　突然やって来た破局

――そして全てが失われていった

第一節　一九四五（昭和二十）年八月九日、ソ連軍の満洲一斉侵攻開始

東・北・西、三方面国境からの怒濤の進撃

一九四五（昭和二十）年八月九日午前零時、当時の在満洲の、軍、官、民を合わせた二百数十万の日本人にとって等しく、文字通りの驚天動地とも言えた百七十万ソ連軍の満洲一斉侵攻が開始された。それは、まだ有効期間内だった一九四一（昭和十六）年四月締結の日ソ中立條約を破棄してのもの。他方で、一九四五（昭和二十）年二月、アメリカ・イギリス・ソビエト三国首脳、ルーズベルト、チャーチル、スターリンにより、クリミア半島のヤルタで行われたヤルタ会談の際に、「ドイツ降伏後二ヶ月または三ヶ月を経て、ソ連が対日参戦すること」を取り決めた、ヤルタ対日秘密協定に準拠してのもの。第二次世界大戦のヨーロッパ戦線で、ドイツ軍が、連合国軍に無條件降伏を行った五月八日から丁度三ヵ月を経てのものだった。

ルーズベルト、チャーチル、スターリンの三巨頭
クリミア半島ヤルタにて：1945年２月

ソ連軍満洲一斉侵攻開始（1945年８月９日午前零時）
北方：第二極東軍団、東方：第一極東軍団、西方：ザバイカル軍団

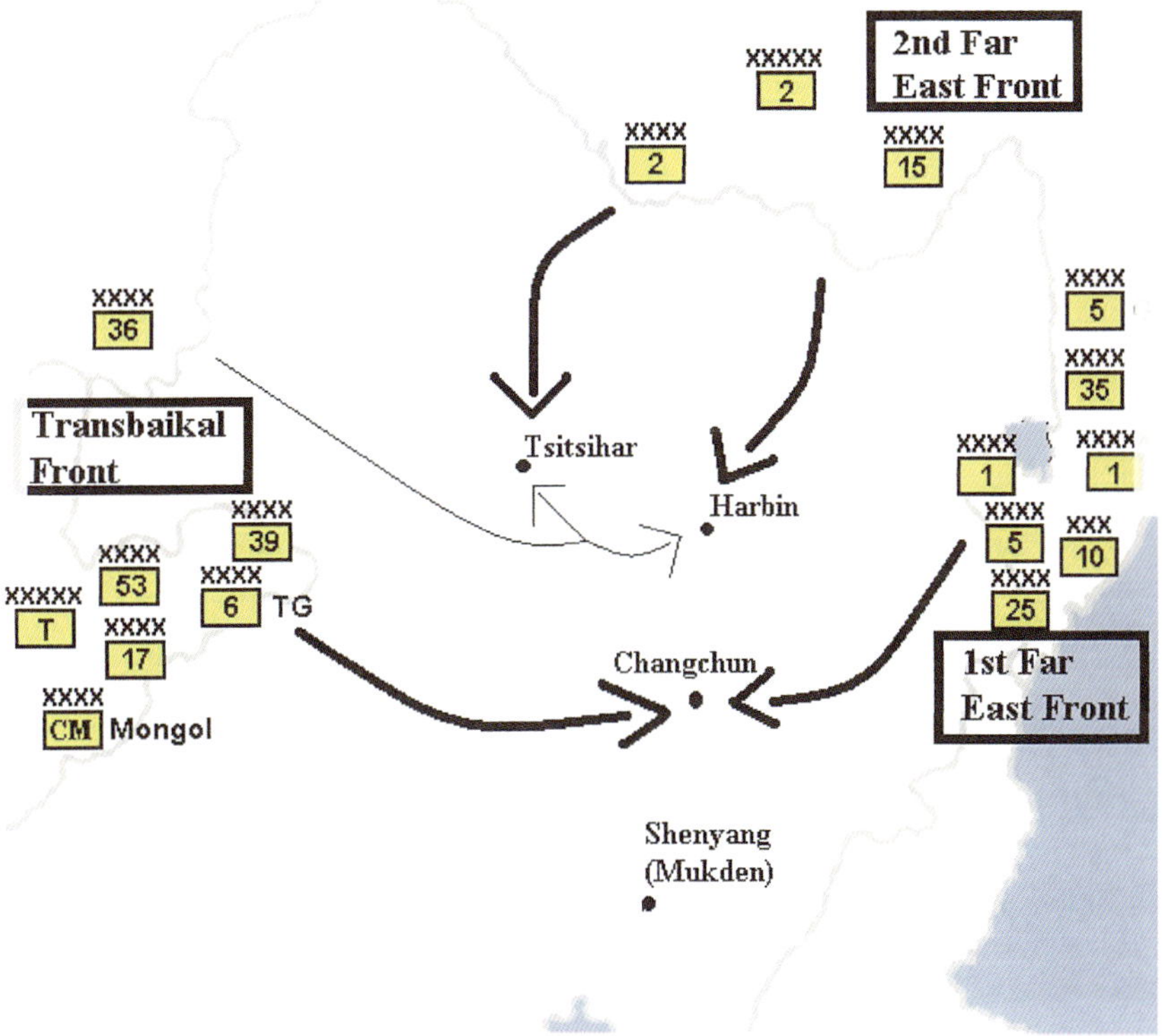

　虎頭要塞を始め堅固な要塞が多数構築されていた満洲国の東部国境方面からはソ連軍第一極東軍団が、黒河要塞などのある北部国境方面からは第二極東軍団が、また高地平原続きで殆ど防御構築物が建造されていなかった西部国境方面からは、国都新京方面への迅速な進撃を狙いとしての戦車部隊を中心としたザバイカル軍団が、それぞれ侵攻してきたのだった。

第二次世界大戦時のソ連軍戦車群（ハバロフスク軍事博物館）

第二次世界大戦時のソ連軍対戦車砲群（ハバロフスク軍事博物館）

第二次世界大戦時のソ連軍ロケット発射車カチューシャ（ハバロフスク軍事博物館）

これに対する防御側の関東軍は、一九四三（昭和十八）年の後半期以降、関東軍精鋭部隊が極秘裏に南方戦線に次々と抽出転用されていった結果、昭和十九年末には、往時七十数万の兵力が、武器弾薬などと共に、すでに半減していたのだった。一九四五（昭和二十）年に入って、中国戦線から十個師団、十余万名ほど、そして、五月以降、関東州を含む満洲全土から、十八歳以上四十歳以下の成年男子の、悪名高き根こそぎ召集によって二五余万名ほど、計三五余万名ほどの兵力増強を図ったのだが、兵員数だけ揃えてみても、すでに武器弾薬にも乏しく、明治三八年制式の三八式歩兵銃すら満足に行き渡らない状況だった。

なお、この根こそぎ召集は、ソ連軍の進撃に際しての、特に北満の各地や、また、満蒙開拓団の入植地などからの逃避行にあって、成年男子を欠くため、数々の悲劇を増幅する要因ともなったのだった。

皇帝溥儀の国都新京退去

全くの不意を突かれた関東軍は、早々に国都新京の防衛を諦め、翌八月十日、皇帝溥儀を含む満洲国政府首脳が、国都新京から、鮮満国境の鉱山関係の寒村、大栗子へ急遽退去するよう指令を発したのだった。

皇帝溥儀は、この指令に従って、国都新京からのみやこ落ちのため、ソ連軍一斉侵攻開始の四日後の同月十三日夜半、その仮寓所を出発して、ほど遠からぬ、主として貨物駅である東新京駅から、特別お召し列車で、宮廷府関係者と満洲国政府満系各部大臣やその家族らとともに、四平街、梅河口、通化経由で鮮満国境の鉱山寒村の大栗子に向かい、同日夕刻、同所に到着した。だが、鮮満国境の一寒村に過ぎない大

皇帝溥儀一行が新京みやこ落ちした旧東新京（貨物）駅

栗子にあっては、数十人規模の皇帝溥儀一行を収容しうる住居等の施設は全く存して居らず、僅かに溥儀とその従者達のみが一、二軒の家屋を皇帝在所として、残る大臣やその家族ら一行は、車中泊の止むなきにいたったのだった。

翌八月十四日朝、前夜を車中泊で過ごした満洲国政府各部大臣やその家族ら一行は、皇帝溥儀とその従者達を大栗子に残して、宿泊・食事等の施設を有する通化へと向かったのだった。そして、その翌十五日正午には、盟邦日本国天皇による、かの「朕ハ帝国政府ヲシテ米英支蘇四国ニ対シ其ノ共同宣言ヲ受諾スル旨通告セシメタリ」とする玉音放送がラジオを通じて流された。満洲にあっても、この放送は、なんとか可聴であり、ここに於いて満洲国にあって枢要の地位の人々は、等しく、盟邦日本の太平洋戦争における悲劇的な結末を知るところとなったのである。

大栗子での満洲国の終焉と皇帝溥儀の命運

国都新京を遠く離れた鮮満国境地帯の通化や大栗子にあって、関係者の全てが「茫然自失為すところを知らず」の一日が過ぎて、十七日朝、満洲国政府総務長官武部六蔵が新京から通化に飛来した。同日午後、折から通化滞在中の満洲国政府張景恵国務総理大臣ほか各部大臣等による重臣会議が持たれ、「満洲国の将来」について話し合いが行われたが、盟邦日本が米英支蘇四国に無条件降伏して、満洲国の事実上の後ろ盾、関東軍が、今やソ連軍に降伏して武装解除されるとなれば、満洲国の独自的存立はもはや不可能であるとして、満洲国解消論が大勢であった。

このような大筋の結論のもと、満洲国重臣連と武部総務長官らは、通化から大栗子に向かい、同夜、同所にて、皇帝退

ソ連軍先遣隊に捕捉されシベリア送りとなる廃帝溥儀
（1945年８月19日：奉天飛行場にて）

（「皇宮博物院展示写真」より）

位と満洲国解消手続き等を含めて最後のツメを行なった。かくして、時計がまわってすでに十八日になった頃、張景恵国務総理大臣、武部六蔵総務長官ら最重臣の数人が、皇帝溥儀をその在所に往訪し、溥儀にかかる結論を伝え、溥儀がこれに同意して皇帝退位宣言に署名し、ここに満洲国は、一九三二（昭和七）年三月の建国以来の、十三年半のその短い歴史に幕が下りたのだった。

かくして、今や廃帝となった溥儀は、翌十九日早朝、大栗子を発って通化に向かい、日本への亡命を企図しつつ、通化飛行場から奉天（瀋陽）に向かった。だが、奉天飛行場到着直後、その半時間ほど前に当該飛行場に進駐してきたソ連軍ザバイカル軍団先遣隊に検束され、そのまますぐに飛行機にて、ハバロフスクに移送。かくして、満洲帝国は、ここに、「名」、「実」ともに、その崩壊・消滅を完成させたのだった。

ソ連軍侵攻開始と邦人の緊急避難

一九四五（昭和二十）年八月九日のソ連軍満洲一斉侵攻開始以来、関東軍所属の七十万余の将兵を別としての満洲在住の百五十万ほどの日本人は、いきなり、非日常の世界、いわばこの世の地獄へと突き落とされたのだった。

　戦車などとともに進撃してくるソ連軍から逃れるべく、南方への逃避行が、何よりも緊急務だった。その五月より始まった、根こそぎ召集によって、多くの成年男子を欠いていた日本人の地域・職域集団にとっては、鉄道路線が唯一の頼りだった。だが、辺地にあっては、多くの場合、鉄道駅まで到達出来ず、或いは鉄道駅に着いても、列車そのものが動かなかった。そんな場合、逃避行は、老人・婦女子・子供とも

ソ連軍侵攻時の満洲の鉄道路線図

この時点にあっては、

1：大連からの海路は完全途絶、

2：羅津・清津の日本海ルートもソ連が直ちに占拠

3：従って、事実上安東を経由しての平壌行きしか残されていなかった。

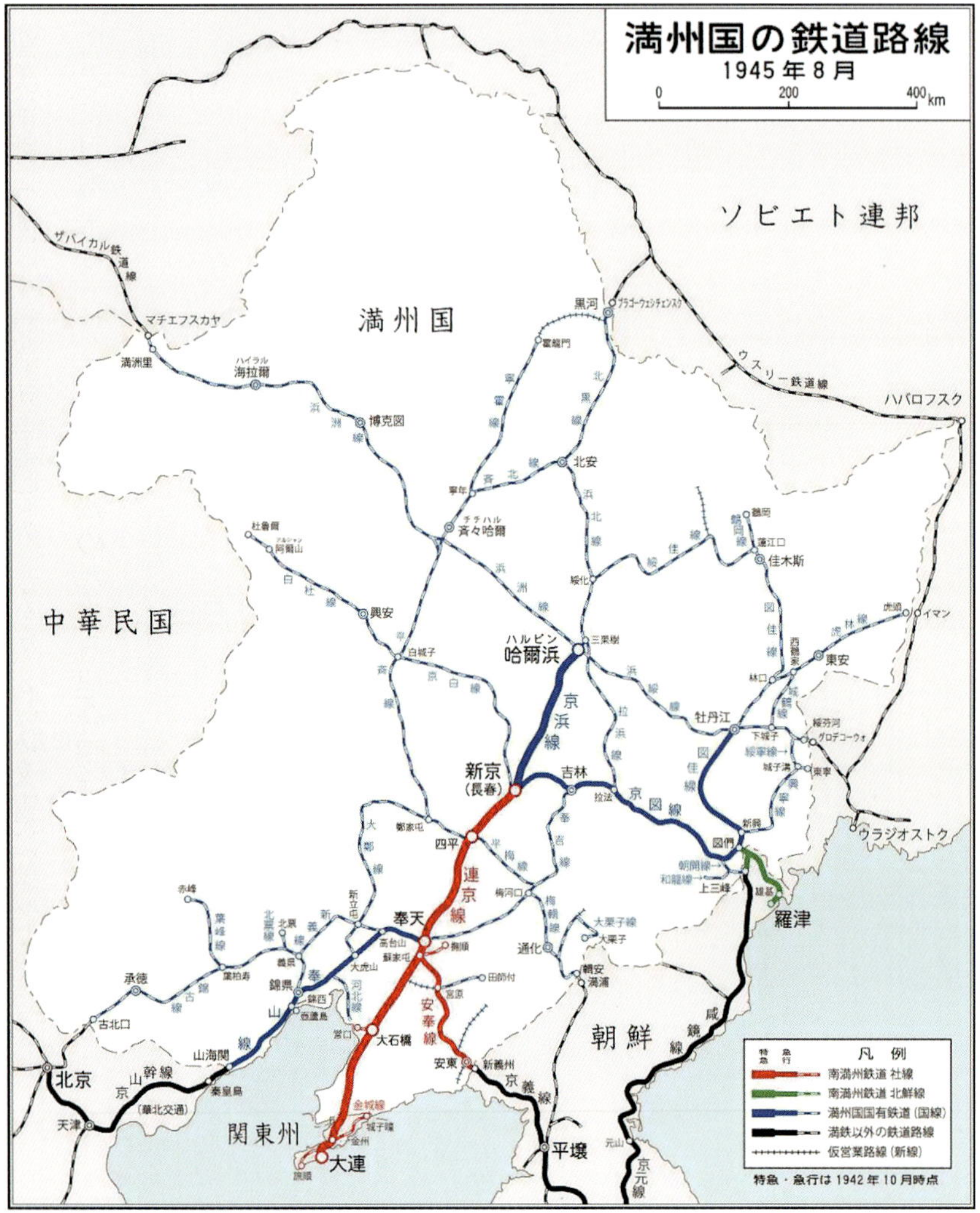

ども、徒歩に頼らざるを得なかった。国境に近いところほど、中心的都市に遠いほど、困難は大きかった。進撃してきたソ連軍による銃撃、現地人による収奪など、数々の悲劇が起こった。

文字通り命からがら中心的都市に辿り着いても、ソ連軍占領下の満洲の厳しい冬の寒さが彼等を待ち受けていた。

他方、日本国は、八月十五日正午、ポツダム宣言を受諾した旨の「終戦の詔書」を、天皇自身がいわゆる玉音放送として広く一般に伝えたのであったが、さらに九月二日には、東京湾横須賀沖のアメリカ海軍の戦艦ミズーリ上で降伏文書の調印式が行われた。日本側は、日本国政府を代表して外務大臣重光葵、また、日本国軍大本営を代表して陸軍参謀総長梅津美治郎（前関東軍総司令官）の二人が、降伏文書に署名し、ここに日本国は、アメリカを始めとする連合国に正式に降伏し、以後、アメリカ軍が、日本全土を占領することとなった。

重光葵外務大臣とともに降伏文書に署名する梅津美治郎陸軍参謀総長
アメリカ戦艦ミズーリ上にて：1945年９月２日

第二節　葫蘆島よりの百五万邦人の内地生還

――ソ連軍占領下の惨状、国民党軍・中共軍の内戦、コレラなど悪疫の流行を乗り越えて

ソ連軍占領下の長春

満洲国時代に国都新京だった長春では、八月十九日のソ連軍先遣隊の長春到達以降、南方に逃避出来ずにいた長春在の二十万余の日本人が、ソ連軍の占領下に置かれることとなった。そしてこの時から、長春では、囚人部隊ではないかとさえ噂されたソ連軍兵士による、押し入り強盗、路上での強奪、強姦、戦犯容疑者の連行などなど、何でもありの蛮行が続いた。

そして、満洲の奥地からの乞食同然の邦人避難民の群れまた群れ。彼等の多くは、長春で暫時の食と屋根を得た後、厳しい長春の冬の寒さの到来の前に、やっと何とか汽車便を得て、より温暖な南方へと移っていったのだった。

冬を越した春三月の到来とともに、ソ連占領軍の一斉引揚げが始まった。彼等は、それまで占拠していたオフィスなどから、可動なあらゆる物品を持ち去っていった。そして、ソ連軍に替わって長春入りしてきたのが、青天白日旗を先頭に掲げた中国国民党軍。権力交替慣れした現地民は、街頭で、国民党軍と同じ青天白日旗の小旗をふって、国民党軍の長春到来を歓迎したのだった。

国民党政府軍と中共軍との内戦始まる

二ヶ月ほどして、街頭で銃声が響き始め、守備側の国民党

軍と、いつの間にやら進攻してきた攻撃側の八路軍（中共軍）との間の市街戦が始まった。八路軍は、銃を捨て腰や肩からの弾帯を外せば一般人との区別が難しい、いわゆる便衣隊だった。一週間ほどの市街戦の後、国民党軍が徐々に撤退し、長春は、八路軍の支配するところとなった。戦い終わって一休みしている八路軍兵士らしいグループのところにオソルオソル近づいてみると（ソ連兵と違って、盗みやら一般人への暴行などはしなかった）、彼等の武器は、小銃、拳銃、手榴弾などなど。小銃は長さがまちまちだし、拳銃一つ取っても、コルトやらモーゼルやらみなバラバラだった。

だが、八路軍の長春支配も長くは続かず、一月ほどして増強された国民党軍による反撃が開始され、前回の市街戦よりも激しい形での市街戦が始まった。野外では、けっこうシュルシュルと銃弾が飛び交う音が聞こえたりもしていたが、家がレンガ建てのため、家に閉じこもり、窓際などに身体を晒したりさえしなければ、まずは身の安全を保つことができた。

一週間ほどの銃撃戦（砲撃戦までは至らなかった）の結果、八路軍側の、場合によっては手榴弾、小銃、弾帯などの武器弾薬を遺棄しての、総退却となり、長春は、再び、国民党軍の支配するところとなった。結果的にはこのことが、初夏から始まった葫蘆島よりの百五万邦人の内地送還に、幸いするところとなった。

コレラの蔓延と葫蘆島よりの邦人の内地送還開始

この国府・中共第二次長春争奪戦の前後から、長春では、悪疫コレラが蔓延し始めた。当時のコレラは、潜伏期間が三日ほどで、一旦発症すると致死率が八割に達すると言われるほどの恐ろしい伝染病だった。予防注射も行われたが、確実な予防法としては、生水・生ものは一切口にしないことだった。予防注射も複数回接種された。コレラの予防注射の方は、それほど大したことはなかったが、並行的に実施された発疹チフスの予防注射接種の方は、それこそ、大の男が涙を出す程いたいものだった。

かくして、一九四六（昭和二一）年初夏から始まった葫蘆島よりの百五万邦人の内地送還に際しては、常に、コレラ対策が並行的に実施され、コレラの潜伏期間などをも考慮に入れた送還日程が組まれたのだった。

この葫蘆島よりの百五万邦人の内地送還の実現は、鞍山在の昭和製鋼所に勤務していた丸山邦雄ら三人が決死的に満洲より日本に帰還して、マッカーサーを始めとするＧＨＱ（連合国軍総司令部）首脳部への直接的働きかけを行ったことも促進要因の一つとなったとされている。

ここは、張作霖の跡を継いだ張学良が、往時、満鉄への対抗措置として、奉山線の錦州近くの「葫蘆島」に、その地形を利用して、湾港を開いていたのが、そもそもの始まりだった。終戦直後の一九四六（昭和二一）年当時、満洲の地にあって、ソ連軍や中共軍ではなく、国民党軍の支配下にあって、実質的にアメリカ対日占領軍と話し合いをつけて、緊急の配船手配などが可能な唯一の港であった（大連、営口などの従来からの「良港」はソ連軍の支配下にあってその迅速な使用は不可能だった）。

葫蘆島からの内地帰還が現実のものとなるのに伴って、満洲主要各地に日僑善後連絡処が設けられて、日本側の窓口として引揚げの実務処理にあたることとなった。

渤海湾での葫蘆島の所在

赤点が葫蘆島であるが、右手に営口、また、下方に大連が存している。

(「エンカルタ地図」より)

葫蘆島湾港の空中写真（渤海湾に突き出した半島：なお、北面する砂浜海岸に注意）

（「満鉄会報243号（毎日新聞、昭和16年）」より）

葫蘆島湾港岸壁へ向かう在来型引揚船

葫蘆島湾港からの引揚に活躍したリバティー船（戦時急造船）

葫蘆島は、実際は、その名にある如き「島」ではなく、渤海湾に突出した瓢箪形の半島である。そして、湾の中の内港のほかに、たまたま、北辺に遠浅の砂浜海岸と、急造突堤を有していて、このことが、第二次大戦中の実戦にあって、レイテ島、硫黄島、沖縄本島などの島嶼上陸作戦に大活躍したアメリカのLST（タンク搭載大型上陸用舟艇）の大量充用を可能とした。このLSTは、構造上、平底であるため、横揺れはあまりしなかったが、縦揺れが激しく、玄界灘越えの時などは、さすがに大変だった。

2006年当時の葫蘆島半島の地形図

1　写真上部がP224でも見られるような北面砂浜海岸
2　赤マルがP229の海中に突出している急造突堤の残骸
3　2006年以降、海面埋立てが急進展し、この北面砂浜海岸は、現在はP232のように陸地化している。

（「Google Earth：2006」より）

2006年当時の葫蘆島北面砂浜海岸（葫蘆島市が2003年に建てた引揚げ記念碑）

2006年当時の記念碑近くの急造突堤残骸（P227の赤マル）

葫蘆島北面砂浜海岸突堤から発着したLST船
LSTは、Landing Ship, Tankの略で戦車揚陸用舟艇

かくして、吃水線がある程度の深さの在来船やリバティー船（戦時急造船）は「葫蘆島湾港」から、平底で吃水線の問題のないLSTは「北辺砂浜海岸突堤」から、という二元的振り分けが可能となって、結果論的には、大連港などよりは、はるかに大人数の短期的緊急海上輸送方式が具現化され、一九四六（昭和二一）年夏以降、百余万人もの邦人の、文字通り大車輪での、日本への短期間送還が可能となったのだった。

他方、受け入れ側の日本側としても、特にコレラ対策には気を使い、日本の受け入れ港にあって、引揚船到着時に全員の検便を行い、また、コレラの潜伏期間が三日とされていたため安全を見込んで五日間ほどの当該引揚船内乃至は上陸地点にあっての隔離施設での留置観察などの措置がとられた。かくして、満洲引揚者達が、懐かしの故郷等に到着し得たのは、満洲の所在地を出発してから一月近くかかってのこととなったのだった。

その思い出深い葫蘆島も、このところの僅か十数年の間に、近年の中国社会経済の大躍進の一翼を担って、渤海湾埋立て工事等で地形的にも大変貌を遂げ、二一世紀初頭までにはまだ残存していた引揚当時の面影を、いまや完全に失ってしまっているが如くである。

埋め立てが急速に進んだ葫蘆島半島の現況（P227の2006年当時と比較のこと）

（「Google Earth：2018」より）

第三節　シベリア抑留捕虜の命運
——待ち受けていた飢えと苦役の日夜、そしてその挙げ句の凍てつく大地

七十余万人のシベリア抑留

前述のように、ソ連参戦時（＝終戦時）の関東軍の兵力は約七五万であった。

その内訳は、それぞれ、従来からの関東軍プロパー兵力が半数の約三五余万名、中国戦線からの転用・補充が約十余万名、現地満洲での根こそぎ召集によるものが約二五余万名ほどであった。

これらの関東軍の殆どが、ソ連軍満洲一斉侵攻後の暫くの局地的戦闘ののち、八月末から九月にかけて、ソ連軍に降伏、武装解除の上、捕虜となって、シベリア鉄道やそれへの満鉄連結線を経由して、次々とシベリアや中央アジア送りとなっていった。政治犯と目された民間人数千人も、これに加わり、正確な数字は不明だが、総数で七十万余とも言われている。そして、これらの抑留捕虜は、移送先で種々の強制労働に服するのだが、折からの厳冬と栄養不足が加わって、移送途中や移送先で、多くの死亡者を出すこととなったのだった。

東シベリアのハバロフスクとコムソモリスク・ナ・アムーレ

満洲からすぐ北、黒龍江以北の東シベリアの地にも、多くの捕虜が送られた。

元来、東シベリアにおける唯一の都会と言えるところは、黒龍江とウスリー江とが合流する地点に位置する国境のまち、シベリア鉄道の中継点、ハバロフスクであった。第一次

ハバロフスクとコムソモリスク

1　黒龍江とウスリー江がハバロフスク近辺で合して更なる大河となる。

2　コムソモリスクは、その400キロ下流に、長春と同じ1932年に建設が開始されたまち

3　同市は、シベリア第二鉄道と東シベリア開発の中心都市

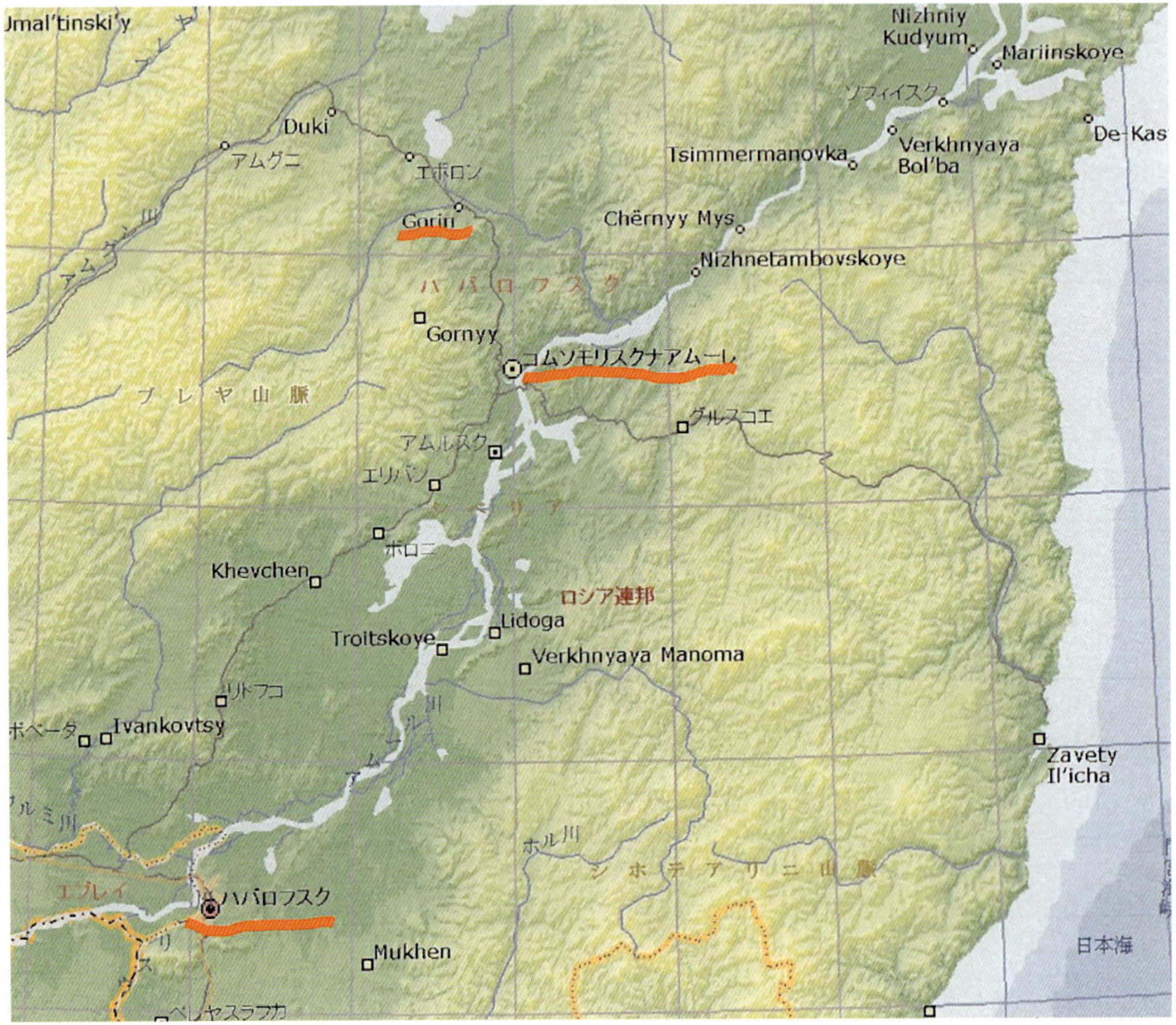

（「エンカルタ地図」より）

世界大戦の途中の一九一六（大正五）年に、黒龍江横断鉄橋がようやく完成して、シベリア鉄道の全線開通に伴い、東シベリア開発におけるハバロフスクの重要性は、飛躍的に高まった。

これとともに、満洲国建国と同じ一九三二（昭和七）年のこと、一九三〇年に発せられた東シベリアにおける経済と文化の建設指令に沿って、ハバロフスクより北方四百キロ、黒龍江（アムール）下流左岸の地点に、全国からコムソモール（青年共産主義者同盟）の若者が集まって、白樺林を切り開いて造り上げた街がコムソモリスク・ナ・アムーレであった。

建設開始以後、この街は、造船所、製鋼所の設置など、工業化を進めて、東シベリアでのハバロフスクに次ぐ第二の都市となっていく。かくして、まったくの新興都市コムソモリスクでは、あらゆる種類のインフラが不足しており、おびただしい数の日本人捕虜が、周辺鉄道工事を含めたインフラ整備その他に従事させられ、そして多くの犠牲者がでたのだった。

コムソモリスク駅（ハバロフスクからの寝台列車が到着したところ）

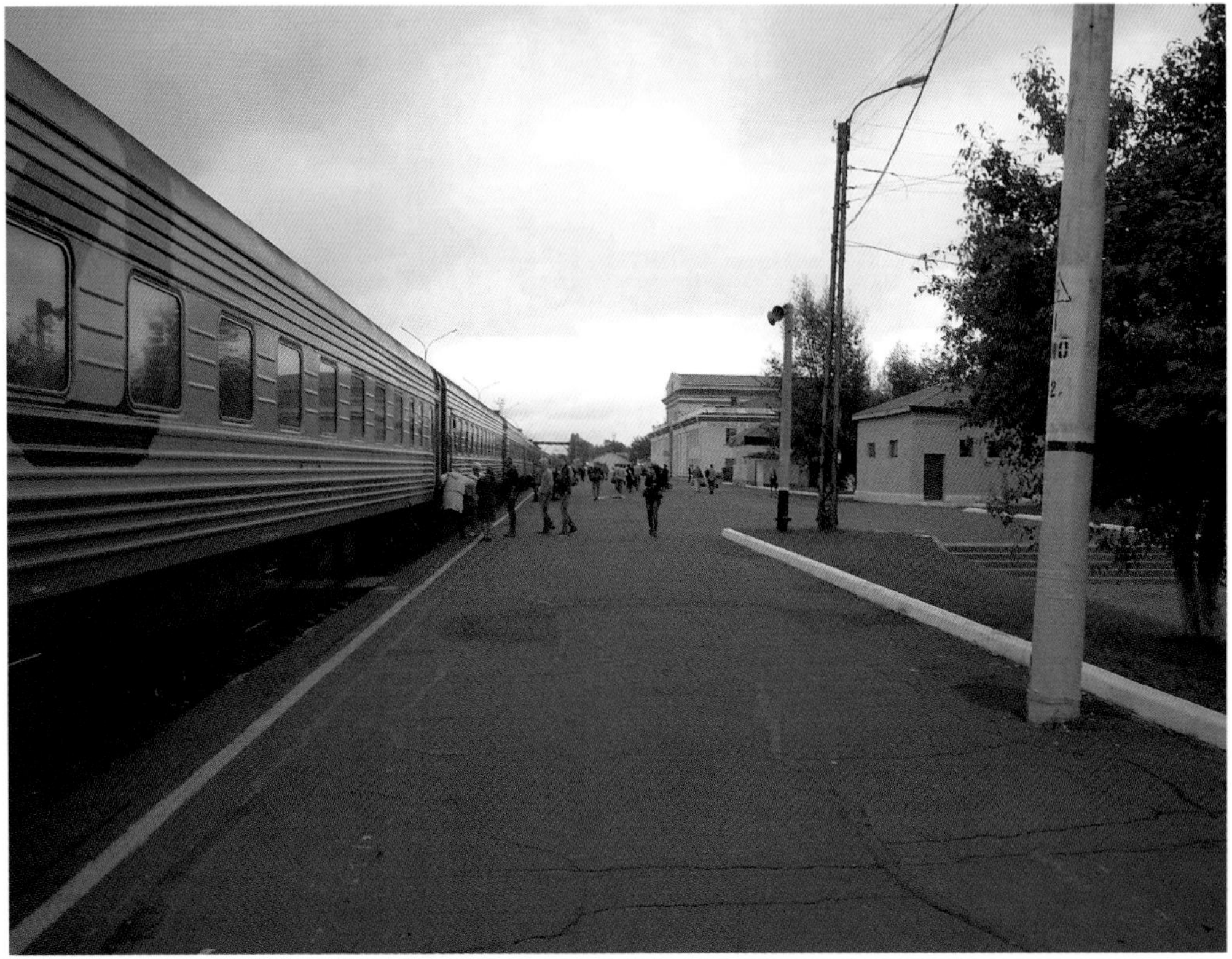

シベリア抑留中死亡者埋葬地入口

1　コムソモリスク郊外アムールスタリ村在

2　第893特別病院とコムソモリスク市一般収容所の死亡者合計約２千人の埋葬地

はやる心で慰霊碑に向かう遺族たち

慰霊碑前でのささやかな慰霊祭
（祭壇の中央やや右に「松岡二十世とその時代」が供えられている）

さらに、東シベリアの開発促進に伴って、コムソモリスクは、第二次世界大戦の途中からその建設が具体化していったＢＡＭ（シベリア第二鉄道）建設の中心ともなっていったのだった。

このような経緯から、終戦直後、コムソモリスク近辺の未開の荒野の中、多くの日本人捕虜がシベリア第二鉄道の敷設工事に従事させられ、そして、東シベリアの厳冬の中、数多くの犠牲者が出たのであった。

かくして、コムソモリスクから北西方向に延びていくシベリア第二鉄道沿線は、極端に言えば、日本人墓地街道の観を呈している程である。コムソモリスクより八十キロ程北上したゴーリン村などは、その典型とも言える。

只今ヤギ部隊が占領中！（シベリア第二鉄道のゴーリン駅）

ゴーリン駅前一本通り

白樺林を分け入って鎮魂慰霊碑へ向かう遺族たち

白樺林の中のゴーリン村鎮魂慰霊碑

ハバロフスク平和慰霊公苑

　これらのシベリア抑留捕虜達については、昭和二三年から、シベリア鉄道ハバロフスク経由で、ウラジオストック近辺のナホトカ港より舞鶴港への日本内地帰還が始まり、以後数年にわたって、約五十万人弱が帰還を果たした。さらに、一九五六（昭和三一）年十月の日ソ共同宣言と日ソ国交回復とにより、在監中の戦犯が釈放され、日本帰還を果たした。

　これらを総じて、平和が回復した終戦後の日本に帰り着くことの出来なかったシベリア抑留中死亡者は、氏名が判明している分だけでも五万五千人に及び、移送途中死亡や消息不明等を加えると七万から十万に達するとも言われている。終戦によって平和が回復した筈の戦後日本にとっての一大悲劇であった。

　これら旧ソ連抑留中死亡者の慰霊のため、ハバロフスクには国立の平和慰霊公苑が設置されていて、毎年行われてきた死亡者遺族の旧ソ連抑留中死亡者慰霊巡拝団にあっては、直接関係する埋葬地墓参の外、この公苑の慰霊碑の前で慰霊祭を行って、シベリア抑留中死亡者全員の霊を慰めることを常としている。

大河アムール（ハバロフスク附近にてウスリー江と合し、北（左方）に向かって流れる）

ハバロフスク市内の「平和慰霊公苑」入口

慰霊碑内部壁面の掲示

平和公苑内の慰霊碑（碑前で執り行われる慰霊祭向け準備中）

慰霊碑前での全シベリア抑留中死亡者慰霊祭

おわりに——私にとっての満洲

還暦も過ぎ、古希もほど遠からずとなった頃になって、私は、かねてよりの念願であった「父親探索」の開始との関連もあって、ようやくにして自分自身の来し方をも、前後の撞着無く、ふり返ることが出来るようになった。そして今にして思えば、以来、十数年にわたる「父親探索」のための私の努力は、ひとえに「我が父親の探索」であっただけでなく、結果的には、「父親の生きた時代の探索」であり、加えて「私自身の探索」でもあった。そして、この私自身の探索は、在満少国民——少年時代を満洲の地で過ごした人達——の一人であった私をして、否応なしに、「満洲の地の探索」へと向かわせたのだった。

そして、この「望郷紀行」で種々記述してきたことは、先ず第一に、このような探索の結果としての、私が、満洲からの引揚げ以来数十年に亘って漠然と持ち続けてきた「満洲は何だったのか」という問いに関しての、私自身に対する回答であった。

善きにつけ悪しきにつけ、人は、その生まれ育った時代環境から逃れることは出来ない。とは言いつつも、二十世紀の初めの一九〇一（明治三四）年、昭和天皇より二ヵ月早い生まれの父親を持ち、今上天皇より一年余遅い一九三五（昭和十）年生まれの私。その私だが、戦後一年を経た小学六年時に満洲から内地に引揚げて以来、昭和・平成といった同じ時代環境、同じ時代刻印を背負った筈の同世代の人達の間にあって、如何に生まれ育ちや暮らし向きが違ったからとはいって、いつも何かしら自分なりの違和感を感じ続けて今日に至ったのも、偽らざる事実である。

勿論、善し悪しをあげつらうということではなしに、その違和感の「正体」といったものを、自分なりに考察してみると、それは、客観描写的には「根無し草」（強いて言えば根を大陸に置き忘れてきた根無し草かも知れないが）、他面、心理観察的には「冷《さ》めた目」と言ったようなものであった気がするのだ。

一九三五（昭和十）年二月七日、北海道樺戸郡月形村（現月形町）在の母の実家で生まれた私は、東大法科出で、治安維持法違反で、網走監獄に投獄・収監されたりしたのちも、変わることなく北海道農民運動に挺身していた父と、北海道農民運動の過程でその父と結婚した、月形村在の農家出の母とともに、四歳時まで北海道の剣淵村や旭川に住んだ。そして、自己を巡っての種々《もろもろ》を、断片的に認識・記憶し得るようになった四歳時のこと。父が、東大新人会時代の友人たちの勧めもあって、長年住み慣れた北海道農民運動の地旭川を離れて国民思想研究所勤務となり、その父に伴われて、家族一同、東京に移り住むこととなった。

だが、この東京転出後、二、三ヵ月で母が結核に罹患、療養所入りとなって、たちまち一家離散。私は、仙台近在の伯父のもとに預けられ、そこで一年余暮らしたのだった。

その後、私は、結核療養所を出て静養していた母と二人暮らしをしていた新潟の三条で、学齢期となって、一九四一（昭和十六）年四月、三条市一ノ木戸国民学校一年生となった（その年に学制改革が行われて、四月から「小学校」が「国民学校」となった）。

そして、その六月のこと、一年半程前に先行して、関東州労務協会調査部長として大連に渡っていた父が、家族を連れに内地に戻って、その父に伴われての大連行きとなった。時あたかも一九四一年六月、ヨーロッパにあっては、ポーランド東西分割線での、以後四年間うち続く壮絶な「独ソ戦」が開始されたときだった。そして、私自身、今でも忘れられないのだが、しばしの内地の見納めにと、父が連れて行ってくれた伊勢神宮参拝の折、二見ヶ浦海岸沖はるかに、帝国海軍軍艦が多数蝟集して艦隊編成替えを行っているのを、たまたま我と我が目で望見し、小学一年の折とて、物珍しさも手伝ってその数三六隻を自分で数えたりもしたのだった（後々《のちのち》に知ることとなったが、この際編成された連合艦隊が、この沖から択捉島単冠湾《ひとかっぷ》に向かって、同湾で真珠湾攻撃のための数ヵ月に亘る訓練を行なったのち、無線封鎖で真珠湾へと出撃していったのだった）。

満洲大陸とは言ってもその玄関口の大連は、気候温暖で、そこでの生活は、ユーラシア大陸の西の彼方ヨーロッパで何が起こっていようとも、平穏そのものだった。だが、その年の暮れ、太平洋戦争が開始されると、関東州大連にあっても、やはり、世上ではにわかに緊張感が漂い始め、通っていた「国民学校」でも、毎月八日ともなると、全校生徒が講堂に集められて、白手袋の校長先生が「大東亜戦争開戦の詔勅」をおごそかに朗読するのを、一同頭《こうべ》を垂れて拝聴するのを常とした。

そして、一九四二（昭和十七）年夏の終わり頃、父の、今度は関東州労務協会から満洲国協和会への勤務先変わりの関係で、移り住んだのが満洲国の国都新京（長春）であった。大連から新京まで、七百キロの南満本線は、広い平野を、大型の車輌が、淡々と一直線に走るのみで、そこには、トンネルや鉄橋は一つもなく、日本の鉄道唱歌で歌われているような情緒は、全くといってなかった。

広い縦横《たてよこ》の道路に囲まれた（満洲国）協和会住宅の広い庭には、いかにも大陸的に、背の高い大きな向日葵がほうき草に混じって、ところせましとばかりに咲きほこっていた。新京で通うこととなった学校は、その協和会住宅から徒歩六、七分の、桜木在満国民学校。新京市内一般では、その九月十五日を中心に執り行われる満洲国建国十周年記念行事への準備が粛々と進められていた。

建国十周年記念式典などが終わって三ヵ月程して、いよいよ満洲の冬が、国都新京にやってきた。

私は、この新京で、小学生時代の四冬を過ごしたが、時には零下三十度以下にもなる、かわいてしみとおるようなその寒さは経験した人でないとなかなか実感的に分ってもらえない。登下校の時など、白く吐く息が顔の産毛《うぶげ》に凍りつき、女生徒までもが白いはな髭をはやしてしまうのだ。雪が降ったからといって、雪合戦をしようにも、雪達磨をつくろうにも、雪がちっとも固まってくれない。だから、冬ともなれば、先ずはスケート。公園の池は勿論、学校の校庭や、ちょっと広い空き地などは、たちまち立派なスケートリンクに早変わり。そこで、子供達は勿論、時間があれば大人たちも、それぞれ、おもいおもいに、スピード、フィギュア、ホッケーなどに興じるのだった。

そして、そんな寒さの中で迎えるお正月。お参りに行く神社があるわけでもなく、中国人は旧正月だし、楽しみはといえば家族や近所の友達と遊ぶトランプ、花札、歌留多など。それが、どうした訳か幸い我が家には百人一首が一組あって、はじめは坊主めくりだったが、そのうちに恋い歌の意味も分らぬままほとんどの歌を覚えてしまい、こどもながらに人並に札がとれるようになった。

このように私は、新京では、終戦後の一年を経て内地に引き揚げてくるまでの丸四年を過ごし、大連生活の一年と併せて大陸生活は五年に及んだ。最も感応性が高く、のちのちの「心身共の人生のもと」を形づくると言われる小学生時代の殆どを在満少国民として「満洲の大地」で過ごしたことは、良くいえば細かい事や他人ごとが、気にならないし気にしないという、大陸的気質を造り上げたように思えてならない。

それとともに、新京生活最後の、ソ連軍の一九四五（昭和二十）年八月九日の満洲一斉侵攻開始から引揚げまでの一年は、それまで数年の平穏無事な生活の「お代わり」というにしては、余りにも無残な期間だった。

父はソ連に連行されて消息不明のまま、身寄りとてなき母《おや》子《こ》四人。外では、ソ連兵の蛮行につぐ蛮行。うち続く邦人避難民の群れまた群れ。冬将軍の到来とともに迫りくる寒さを、どうやって凌ぐのか。

そんな中でも、メゲてはいられない。なんとか自分の頭と身体を使って、やれることをやって、生き延びていかなければならないのだ。ソ連兵相手の、「靴磨き」、そしてそれとともに、「シガレットハラショー」と声をかけての「煙草売り」、がまず最初。お陰で、ロシア語の片言と数詞は、何となく覚えてしまった。ソ連兵も貧しく汚く、白の三角布を靴下の代わりにしている兵たちも多かった。

冬が近づくと、電動丸鋸で薪作り中のソ連兵の所に行って手伝いをしては、駄賃代わりの薪もらい。冬の朝早く手造りのソリをひいて母と城内に仕入れに行っては、みんなの集まる市場での豆腐・油揚の立ち売りなどなど。仕入れ途中の路傍で買い食いする蒸《ふ》かし饅頭の何とうまかったことか。

要すれば、小学五、六年のはしっこさで、出来ることは何でもしたのだった。

ようやくにして春がきて、ソ連長春占領軍が撤退していったかと思えば、今度は、長春での、国府軍と中共軍との間の、二度に亘っての、住宅地ですら銃弾飛び交う市街戦。ひとしきり戦闘が終わると、道路のあちこちに弾丸や薬莢つきの不発弾がころがっていた。

そしてそれは、比較的激しかった二度目の市街戦がようやく下火になり、守備側だった中共軍の退却・撤収が始まりかけの頃だった。我が家には、正面玄関口の他に、台所のドアから出入りする、温水スチームのためのボイラー室があって、その出口が、外部とつながる裏口にもなっていた。ある時、そのボイラー室あたりでなんとなく人の気配がしたので、台所からボイラー室をのぞいてみると、そこには裏口の施錠をはずして侵入してきたらしい便衣服をまとった男がうずくまっていた。慌てて、母と二人で男に近づきいろいろやり取りがあって、結局、匿ってくれと言っているらしい男を、気丈な母がやっと裏口から追い出したのだった。そのあとで、男のうずくまっていたあたりを見てみると、改めてぞっとしたことに、そこには、肩掛け弾帯と、手榴弾三発が残されていた。これらが、進攻してきた国府軍側の目にとまったりすると、いかなる災いを招くやも知れず、人目に付かず、安全に処理するのにどうするか、苦慮した挙げ句、やっと一計を案じて、真夜中に、母と二人で、我が家の裏の三、四《メートル》ほどの深さのマンホールに、紐で宙吊りにして一つずつ、慎重に水中に落としていった。そして、最後の手榴弾が紐と一緒に水没するのを確認して、二人でほっと安堵のため息をついたのだった。

そんな市街戦が終結して長春が国府軍の天下となって暫くして、今度は目には見えないけれど恐ろしい、悪疫コレラの蔓延が始まったのだった。コレラの恐ろしさは、それが患者本人の問題だけではなく、当時噂され始めていた内地への引揚げなどに関連して、当該発生区域に、引揚げの遅延・中止等の累が及ぶ恐れがあるということであった。かくして、コレラ罹患者が、空気静脈注射などで闇から闇に処理されることも稀ではなかった。

そんなふうに散々苦労したはずの満洲なのに、人間とは不思議なもの、いざ念願の引揚げとなって、引揚ＬＳＴ船で葫《こ》蘆島《ろとう》を離れる際には、ラバウル小唄をもじって、「さらば満洲よ　また来るまでは　しばし別れの　涙がにじむ………」などと歌ったりもした。あげく、博多港に接岸して、コレラ検疫のため五日間程係留されていた時のこと。船上から見下ろす港に敷かれている鉄道線路幅が余りにも狭く、トロッコ用ではないかと疑った程で、そんな「故国」に、正直何となくがっかりもしたのだった。

仙台に引き揚げて当地の小学六年に編入してからは、学校では教科書の頁を繰れば墨塗りだらけ。「リンゴの唄」がはやり、あちらこちらにヤミ市、といった、何となくアッケラカンな感じの戦後の日本社会に、私なりに適応しようと努めていた。だが、時として、満洲時代の体験故にか、周囲の雰囲気に同調しきれず、自分でも「冷《さ》めているな」と感じることもよくあった。編入した小学校が、市内野球大会の決勝戦で敗れた時のこと、選手始め周囲の皆が泣いているのに、私は、応援団長だったにも拘わらず、なんでこれしきのことでと内心思いつつ、一向に涙がわいてこず、困ったりもしたのだった。

続いて、学制改革で新制中学となって、私は、父の親友が学院長だった関係もあって、東北学院に入学した。そこでの中・高六年間の諸々《もろもろ》はさておき、私は、高校生時代のこと、宣教師として来日していた米人に、何故か弟分的に可愛がられて、彼のお気に入りのフランチェスカッティの、当時出たてのLPレコードの数々を聴かせてくれたり、英（米）語についての謂わば属人的な指導・特訓を受け、終戦後未だ数年時の仙台では到底入手困難だった筈の、モームやハクスレーの短編集、それにハーシーの「ヒロシマ」などまでお宝のように借り受けて来ては、懸命に読んだりもした。このような謂わば人由来のじかの言語生活体験が、元来の根無し草的体質と相まって、のちのちの私の社会的活動に、大きな影響を及ぼしたように思うのだ。

他方、私は、高校時代からマルクシズムに興味を抱いていて、東大入学後、経済学部に進学してドイツ語で資本論やマルクス・エンゲルス選集を読みふけったりしていた。だが、シベリア抑留で夫を亡くし、一人子育てに苦労を重ねてきた老いゆく母のことを考えれば、やはり、相当期間収入を期待し得ない学者の道は諦めざるを得ず、当時の六級職国家公務員試験を受けて、亡き父親のこころざしを思いつつ、農林省入りをしたのだった（「ヨイトマケの唄」をきくと、今でも胸に迫りくるものがある……）。

入省後数年経って、わが国は、GATT、IMF、OECD関係などの第一次国際化時代を迎え、農林省もその対応を迫られた。ちょうどこの頃、私は、農林省にあって四年程にわたって国際関係業務を担当し、東北学院時代に培った実践的英語力を生かして、（当時はそのような人は省内に殆どおらなかった故もあって）入省後未だ数年という若輩の身で、関税交渉やその他の国際交渉のため、一人でジュネーブやパリに派遣され、長期出張滞在なども経験したのであった。

その後、地方勤務などを含めて、国内業務従事の数年の後の一九七〇年代に、私は、外務省に出向の上、いわゆる農務アタッシェとして、在ワシントン日本国大使館勤務を命ぜられ、丸四年のアメリカ在勤生活を送る機会を得た。

同じ外国とは言いながら、アメリカには、これまで累次のヨーロッパ出張では、あまり経験したことのない、少年時代のあの懐かしの「大陸」が広がっていた。住居は、ワシントンDC近郊のバージニア州マクリーンで、道路づけといい、広い庭の戸建てといい、芝刈り始めいろいろなDIYといい、それは、あたかも、その頃既に三十年程前の昔となった、新京での懐かしの我が家の如くであった。

だが、アメリカ滞在の影響・効果は、ひとり我が身にとどまるものではなかった。折しも我が家では、ちょうどその三十年前の私のような、小学校在学中の息子と娘とがいて、二人ともに、現地の小学校に通うことになったのだった（ワシントンでは、これに加えて土曜日に日本語補習学校があった）。このような子供達の教育問題に関連して、家内は、当時の日本人の母親としての当然と言えば当然の心配――四年もの間、現地バージニア州マクリーンの学校に通えば、日本語がすっかり疎かになって、将来日本に戻ってから、お受験や進学・就職などに差し支えが出てくるのではないか――を、私に訴えるのだった。

これに対して私としては、中学・高校で、実践英語の修得に散々苦労した自分の経験からしても、二人ともこの年での四年間の英（米）語暮らしは、本人たちにとって、またとない機会の筈で、よしんば日本社会への再適応の困難性と日本語の遅れの故にノーマルな進学・就職といったコースを辿れなくとも、四年病気で休学したと思えばいいじゃないか、それに第一、ある程度のバイリンなら（当時の日本社会で）食いっぱぐれの心配はないし、と言って宥《なだ》めたりもしていたのだった。

それからまる四年にわたっての「アメリカ漬け」生活を終えて帰国したわれわれ家族のそれぞれには、一九七〇年代後半の、「日本社会」が待ち受けていて、家族のそれぞれがそれぞれに、アメリカ的生活から日本的生活への、思考方式までをも含めた再適応・再転換を迫られたのだった。

アメリカからの帰国後、私は、公務員生活の十年余を含め、国際関係の仕事が多い、四分の半世紀ほどの期間の社会人生活を送った。その間の自分自身を顧みるに、勿論誇りうるものとて特にある訳ではないにしても、人に恥じることのない充実した仕事・生活を送ることができたのは、やはり、新京（長春）時代からの、人をあてにしないで自分で考え、自分で何とかすると言ういわば前向きの現実対応能力と、東北学院時代に培った実践英語力によるところが大きかったように思えてならない。

ことわざに、「若い頃の苦労は買ってでもせよ」とよくいわれている。だからといって、終戦後の満洲でのあの惨々たる状況などは、勿論、論外としても、人生の苦労をわざわざ買う訳にはいかない。とは言いつつも、いかなる時代・人にあっても、山あり谷ありが人生行路というものだ。そうした人生行路にあっての前向きな対応力をはぐくむという意味において、自分自身の経験や、アメリカでのまる四年の現地学校生活を送った子供達の、その後の日本社会での活躍ぶりを見るにつけても、「小学生時代」は、人生にあって殊更に重要な時期であると、「在満少国民」であった私は、つくづく思うのだ。

そして、最後になったが、「記憶は遺伝しない」。とかく筆無精になりがちな私だが、記憶は遺伝することはないのだから実感的な「満洲は何だったのか」を、自分が生きてるうちに何とか書きとめておかなければと、思いつつ取り組んできたのが、本書である。

思えば、私は、たまたま、戦争の前後を含めて五年を満洲の地で過ごし、挙げ句、父親を満洲の近辺の東シベリアでなくした、いわば典型的な在満少国民であるからして、私にとっての「満洲は何だったのか」のおもいには、他の在満少国民の皆さん方にとって共感して頂けるところが多分にあるのではないかと、思っている。加えて、すでに鬼籍に入られた在満少国民を始め満洲関係者、そしてシベリア抑留中死亡者の、ご遺族、周囲の方々などが、本書によって、在りし日の彼または彼女を、多少なりとも偲んで頂けるならば、それは、私にとって望外の喜びである。

平成三十年八月

松岡　將

〔著者略歴〕

松岡　將（まつおか・すすむ）

1935（昭和10）年２月７日、北海道樺戸郡月形村字知来乙（母の実家）生まれ。当時父は、全国農民組合北海道聯合会執行委員長で、北海道上川郡剣淵村在住。生後２ヵ月ほどして父母に伴われて剣淵村へ。一年ほどして、旭川にうつり、四歳まで旭川にて過ごす。

のち、東京、仙台、三条（新潟）をへて、1941（昭和16）年６月、父の勤務に伴い、渡満（関東州大連へ）。小学生時代を大連で一年、新京（現 長春）で４年過ごし、終戦１年後の1946（昭和21）年９月、満洲（新京）から葫蘆島をへて父の郷里仙台に引揚げる。仙台にて東北学院中・高校を経て、1958（昭和33）年３月、東京大学経済学部を卒業し、同年四月、農林省入省。

省内各局を経験して、1972～76（昭和47～51）年の４年間、外務省に出向し、在ワシントン日本国大使館勤務。

1976年７月に帰国後、食糧庁、農蚕園芸局、構造改善局、経済局、大臣官房等を経て農水省国際部長、東海農政局長を歴任して1986（昭和61）年退官。

その後、ジェトロ、国際農業交流基金、FAO協会、IFPRI（国際食料政策研究所）等、内外の国際農業関係団体・機関に役員として勤務。

国際農業問題関係の多数の著書・論文・訳書のほか、一般向け著書として『住んでみたアメリカ』（1981年：サイマル出版会）、『ドライビング・アメリカ』（1993年：ジェトロ出版部）など。また、最近では『松岡二十世とその時代』（2013年：日本経済評論社）、『王道楽土・満洲国の「罪と罰」』（2015年：同時代社）、を刊行。

連絡先：〒150-0022　東京都渋谷区恵比寿南 3-12-8-1001
spx74q89@hop.ocn.ne.jp

在《ざい》満《まん》少《しょう》国《こく》民《みん》望《ぼう》郷《きょう》紀《き》行《こう》　ひたむきに満洲の大地に生きて

2018 年 9 月 30 日　　初版第 1 刷発行

著　者　松岡　將

発行者　川上　隆

発行所　㈱ 同時代社
〒101-0065　東京都千代田区西神田 2-7-6
電話 03(3261)3149　FAX 03(3261)3237

制　作　いりす

印刷・製本　中央精版印刷株式会社

ISBN978-4-88683-845-2

松岡將の著作

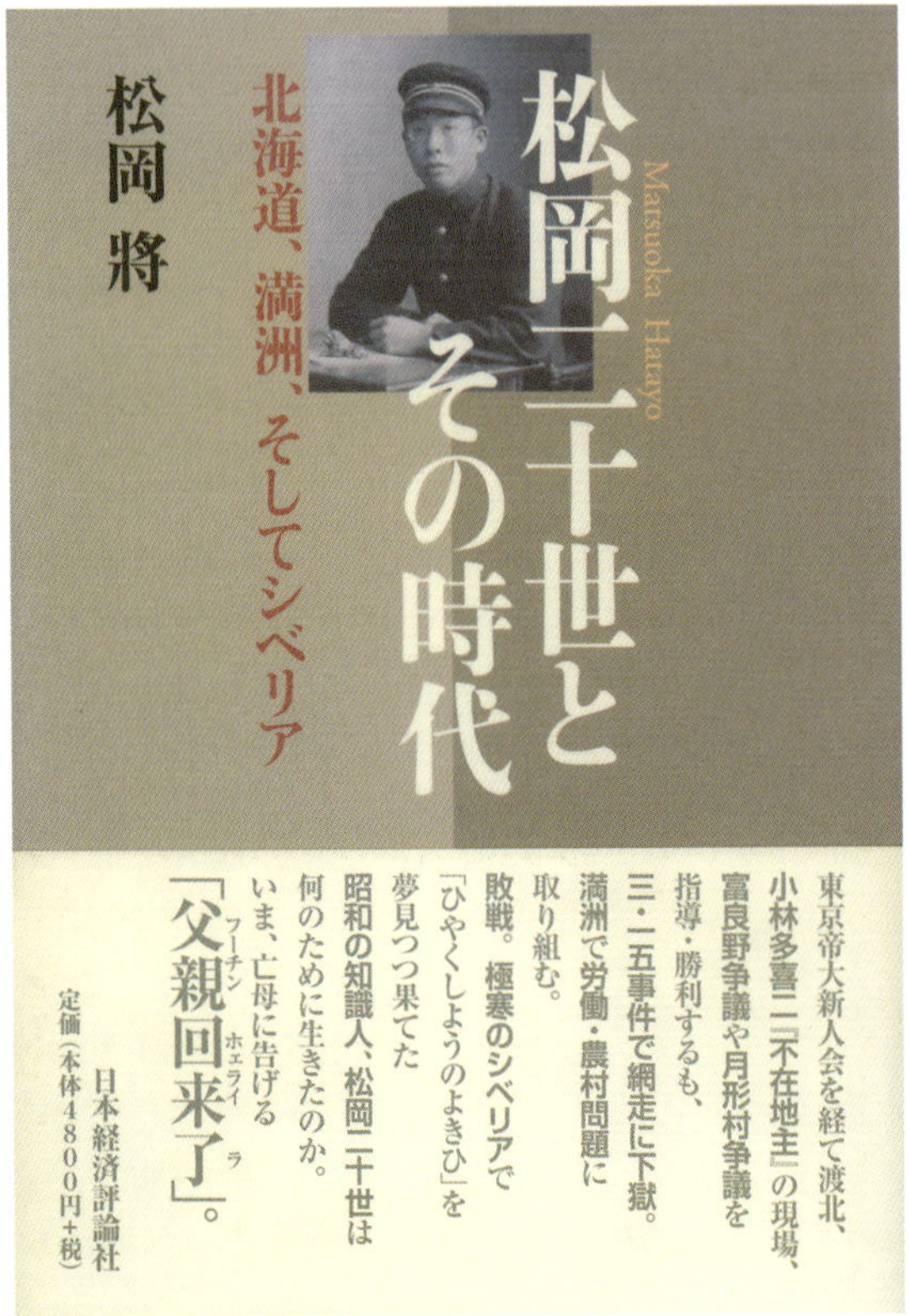

『松岡二十世とその時代　北海道、満洲、そしてシベリア』

日本経済評論社　定価：本体4800円＋税　Ａ５上製　856頁

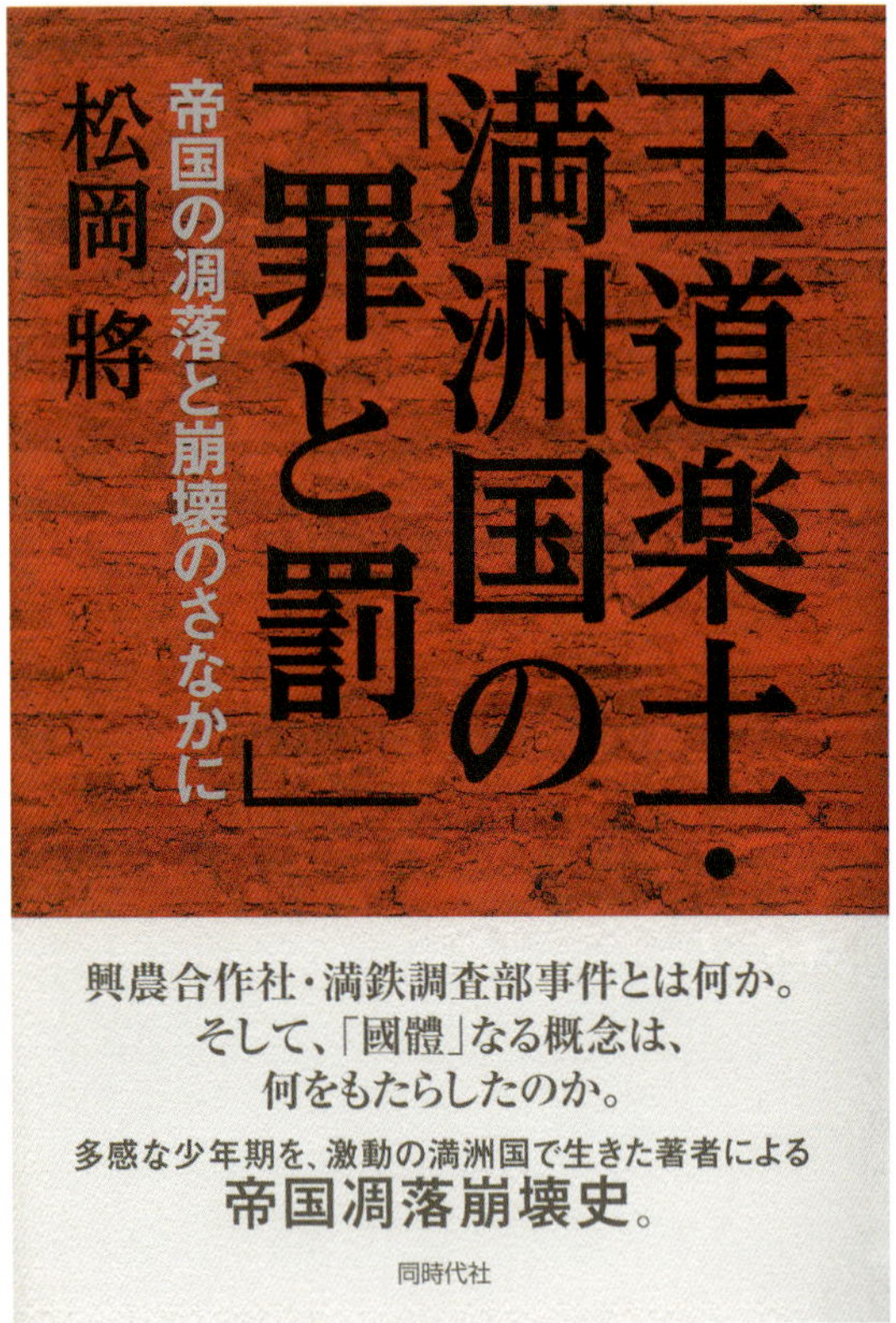

『王道楽土・満洲国の「罪と罰」　帝国の凋落と崩壊のさなかに』

同時代社　定価：本体2800円＋税　四六上製　278頁